Valeria Vairo
Un'altra Italia
Italien einmal anders

Bei Italien wandeln wir Deutschen oft und gerne auf festen Pfaden – das Land der Zitronenbäume, des guten Weins, des tiefblauen Meers. Und der Kultur, natürlich. Aber wussten Sie, dass der weltberühmte Parmesan mittlerweile (auch) von Indern hergestellt wird, die sich in der Emilia-Romagna angesiedelt haben und mit ihren bunten Turbanen das Bild beleben? Oder dass das katholische Italien ein bedeutendes Zentrum für den Mahayana-Buddhismus ist? Und dass in verlassenen Dörfern im ganzen Land junge Leute mit interessanten Projekten ihre Visionen umsetzen? Valeria Vairo führt uns an Orte und stellt uns Menschen vor, die den Blick auf Il bel paese beleben und neugierig machen auf ein anderes Italien, abseits von bekannten Pfaden.

Valeria Vairo, geboren in Como, hat in Mailand Germanistik und Anglistik studiert und zuletzt in Rom Klinische Psychologie. Im Jahr 2000 zog sie nach München. Seit mehr als 30 Jahren arbeitet sie als Journalistin und Sprachlehrerin und beschäftigt sich mit dem Thema Interkulturalität.

Franziska Bolli, in St. Gallen geboren, studierte Germanistik und Italianistik in Zürich, lebt in Konstanz, war lange am Theater tätig und widmet sich heute dem literarischen Übersetzen.

Valeria Vairo

Un'altra Italia
Italien einmal anders

Übersetzt von Franziska Bolli

dtv

Von Valeria Vairo ist bei dtv außerdem lieferbar:
Profumo d'Italia. Ein Hauch Italien
Il sapore della vita. Der Geschmack des Lebens

MIX
Papier aus verantwortungsvollen Quellen
FSC® C019821

Umschlaggestaltung: wildesblut – Atelier
für Gestaltung Stephanie Weischer
Satz: Greiner & Reichel, Köln
Druck und Bindung: C.H.Beck, Nördlingen
Printed in Germany · ISBN 978-3-423-09558-7

Prefazione

In questo libro, cari lettori, vi racconterò l'Italia della creatività e delle novità. Quell'Italia che è stata capace di accogliere elementi «estranei» alla sua cultura facendoli suoi e arricchendosi, quell'Italia fucina di idee e di gente laboriosa che, nonostante tutto, riesce ogni volta a trasformare situazioni di difficoltà in vere e proprie sfide al cambiamento.

E così mi sono messa in viaggio e cos'ho scoperto? Ho trovato un angolo di Tibet, una pianura di turbanti colorati, grattacieli che inneggiano al verde, vecchi villaggi con una seconda vita e donne indomite in cammino accanto ai loro animali.

Le nuove realtà che ho incontrato hanno stuzzicato sempre di più la mia curiosità e il desiderio di farvele conoscere, perché l'Italia non è solo quella della pizza e delle opere d'arte ma anche quella delle idee, del fermento intellettuale, del cambiamento, dell'instancabilità, dell'accoglienza, del coraggio e del piacere di vivere.

Lo sapevate, per esempio, che in Italia, paese cattolico per eccellenza c'è uno dei centri buddisti di tradizione Mahayana più importanti d'Europa? E che il Parmigiano Reggiano, fiore all'occhiello del ‹made in Italy›, ora viene prodotto dagli indiani sikh che ravvivano la Pianura Padana con i loro turbanti colorati? E ancora. Che la pastorizia, attività da sempre in mano agli uomini, ora è diventata «femminile» grazie al coraggio e all'intraprendenza di donne che hanno deciso di cambiare vita e di diventare pastore?

Gli italiani grazie alla creatività per cui sono noti, riescono a risollevarsi, tirando fuori il coniglio dal cilindro e trovando un'idea che salva una situazione che

Vorwort

In diesem Buch, liebe Leser, möchte ich von einem Italien voller Kreativität und Erneuerung berichten. Von einem Italien, das es geschafft hat, «kulturfremde» Elemente aufzunehmen, sie sich zu eigen zu machen, und dadurch bereichert wurde. Von jener Ideenschmiede Italien und seinen fleißigen Menschen, denen es immer wieder gelingt, schwierige Situationen als echte Herausforderungen zu betrachten, um etwas zu verändern.

So habe ich mich auf den Weg gemacht. Und was habe ich entdeckt? Ein Fleckchen Tibet, eine Ebene voller bunter Turbane, Wolkenkratzer, die sich mit Grün bemänteln, alte Dörfer mit einem zweiten Leben und unbezähmbare Frauen auf Wanderschaft, an ihrer Seite die ihnen anvertrauten Tiere.

Die neuen Realitäten, die ich entdeckt habe, haben meine Wissbegier immer mehr angestachelt und auch den Wunsch, davon zu erzählen. Denn es gibt nicht nur das Italien der Pizza und der Kunstwerke, sondern auch das des Einfallsreichtums, des intellektuellen Nährbodens, des Wandels, der Unermüdlichkeit, der Gastfreundschaft, des Mutes und der Lebensfreude.

Wussten Sie zum Beispiel, dass sich in Italien, diesem katholischen Land par excellence, eines der europaweit bedeutendsten Zentren des Buddhismus in der Mahayana-Tradition befindet? Und dass der Parmesan aus der Gegend von Reggio Emilia, ein Paradebeispiel für ‹Made in Italy›, heute von indischen Sikhs hergestellt wird, die mit ihren bunten Turbanen die Poebene aufmischen? Und mehr noch. Dass die Weidewirtschaft, die seit jeher Männern vorbehalten war, jetzt «weiblich» ist dank dem Mut und der Unternehmungslust von Frauen, die beschlossen haben, ihr Leben zu ändern, und Hirtinnen geworden sind?

Dank der Findigkeit, für welche die Italiener bekannt sind, gelingt es ihnen, scheinbar hoffnungslose Situationen unbeschadet zu überstehen, indem sie ein Kaninchen aus dem Zylinder

fino a poco prima sembrava senza speranza. Questo è successo con i trabucchi, quelle strane strutture che si vedono sul Mare Adriatico dall'Abruzzo al Gargano. Erano usati in passato come strumenti da pesca e poi furono abbandonati a se stessi perché diventati inutili ma, proprio prima di scomparire del tutto, sono stati salvati perché trasformati in ristoranti. Oppure con i cosiddetti «borghi fantasma», quei paesi che stanno scomparendo perché abitati da pochissime persone. Anche qui il pronto soccorso per i casi «quasi persi» si è messo in azione e si è dato il via a una serie di iniziative interessantissime.

Queste sono le storie che vi racconto in questo libro.

Ma c'è qualcosa in più. Come forse chi mi conosce saprà, sono una giornalista. I racconti, in stile reportage, sono veri, e le storie raccontate si riferiscono a fatti e persone che realmente esistono. Ho avuto l'idea di inserire alla fine dei capitoli interviste vere e proprie. Questo mi ha permesso di incontrare persone davvero interessanti che, leggendo le mie storie, imparerete a conoscere anche voi.

zaubern und eine Lösung finden. So war es mit den Trabucchi oder Trabocchi, jenen merkwürdigen Konstruktionen, die man von den Abruzzen bis zum Gargano an der adriatischen Küste antrifft. In der Vergangenheit waren sie für den Fischfang verwendet worden und später, als man sie nicht mehr brauchte, wurden sie sich selbst überlassen. Dann aber, kurz vor ihrem endgültigen Verschwinden, wurden sie gerettet und zu Restaurants umfunktioniert. Dasselbe gilt für die sogenannten « Geisterdörfer », die zu verschwinden drohen, weil sie nur noch von ganz wenigen Personen bewohnt werden. Auch hier wurde erste Hilfe geleistet für die « quasi hoffnungslosen » Fälle und der Weg war geebnet für eine ganze Reihe von höchst interessanten Initiativen.

Das sind die Geschichten, die ich Ihnen in diesem Buch erzähle.

Aber da ist noch etwas. Wer mich kennt, weiß, dass ich Journalistin bin. Die Reportagen sind wahr und die erzählten Begebenheiten beziehen sich auf Fakten und Menschen, die tatsächlich existieren. Ich hatte die Idee, am Schluss der Kapitel echte Interviews einzuflechten, und bin dadurch höchst interessanten Menschen begegnet. Durch die Lektüre meiner Geschichten werden auch Sie, liebe Leserinnen und Leser, die Gelegenheit haben, sie kennenzulernen.

Trabucchi e Trabocchi

Termini come recupero, riconversione, riciclo, riutilizzo sono ormai all'ordine del giorno. La società dell'usa e getta si sta accorgendo che per vivere in modo sostenibile bisogna cominciare a gettare meno e a usare di più. Si recuperano tessuti, oggetti di ogni genere, si costruiscono giocattoli e mobili con plastica riciclata, è di moda anche la cucina del recupero ripresa dalle abitudini dei contadini che ben sapevano che niente va buttato o sprecato. Fortunatamente questa nuova tendenza sta prendendo il sopravvento in tutti i settori. Anche nell'urbanistica, infatti, elementi che erano stati abbandonati a se stessi avendo perso il loro utilizzo pratico, e che pareva avessero perso anche la loro ragion d'essere, hanno ritrovato nuova vita. In quanto parti imprescindibili del nostro patrimonio culturale, sono stati recuperati dall'abbandono, dalla decadenza e dalla minaccia di sparizione.

Sono nati in tutt'Italia progetti di riconversione che regalano una nuova vita a strutture in disuso, una vita a volte completamente diversa dalla precedente. Pensiamo ai molti complessi industriali che, chiusi per qualche motivo, sono stati sottratti alla rovina e trasformati in altro. Per esempio, la ex fabbrica Damiani a Napoli che da complesso industriale è diventata zona residenziale, con diverse tipologie di abitazioni, rivalutando tutta l'area. O la Centrale termoelettrica Montemartini sulla via Ostiense, a Roma, trasformata in un museo, così come l'ex birrificio Peroni che oggi ospita il MACRO, il Museo di Arte Contemporanea di Roma. Ma la lista sarebbe lunga. Ci sono progetti come quello di «Adotta una stazione» che mira al recupero di stazioni di treni dismesse, o di vecchie linee ferroviarie che si trasfor-

Trabucchi und Trabocchi

Wörter wie Sanierung, Umnutzung, Recycling, Wiederverwendung sind heutzutage allgegenwärtig. Die Wegwerfgesellschaft merkt gerade, dass sie, um nachhaltig zu leben, damit anfangen muss, weniger Sachen wegzuwerfen und sie länger zu benutzen. Man sammelt Altkleider, Gegenstände jeglicher Art und fertigt Spielzeug und Möbel aus recyceltem Plastik. Angesagt ist auch die weiterverwertende Küche, die man den Bauern abgeguckt hat. Die wussten sehr wohl, dass nichts weggeworfen oder verschwendet werden darf. Glücklicherweise ist dieser Trend überall auf dem Vormarsch. Sogar in den Städten finden Bauwerke zu neuem Leben, die sich selbst überlassen worden waren, weil sie ihren praktischen Nutzen verloren hatten und man meinte, sie hätten daher auch ihre Daseinsberechtigung eingebüßt. Da sie jedoch als Teil unseres kulturellen Erbes unverzichtbar sind, wurden sie vor Verwahrlosung, Verfall und dem drohenden Verschwinden bewahrt.

In ganz Italien sind Projekte zur Umnutzung entstanden, die nicht mehr genutzte Gebäude zu neuem Leben erwecken, manchmal zu einem ganz anderen als dem vorherigen. Denken wir nur an die vielen Industriebauten, die aus irgendeinem Grund geschlossen, zu Ruinen verkommen und in etwas anderes verwandelt worden sind. Zum Beispiel die ehemalige Fabrik Damiani in Neapel, die sich von einem Industrieareal in ein Wohnviertel mit verschiedenen Wohnungstypen verwandelte und dadurch die ganze Gegend aufwertete. Oder das thermoelektrische Kraftwerk Montemartini an der Via Ostiense in Rom, das zu einem Museum wurde, genau wie die ehemalige Brauerei Peroni, die heute das MACRO[1] beherbergt. Aber die Liste wäre lang. Es gibt Projekte wie «Adoptiere einen Bahnhof», das die Umnutzung von aufgegebenen Bahnhöfen im Blick hat, oder die alten Eisenbahnstrecken, die zu Touristenrouten

mano in percorsi turistici o addirittura in piste ciclabili come quella tra Francavilla e Vasto in Abruzzo. E che dire poi dei meravigliosi fari marittimi in disuso dati in concessione, di cui alcuni sono diventati suggestivi bed & breakfast …

E ora venite con me e seguitemi sulle orme degli antichi pescatori …

Dall'Abruzzo fino al Gargano, lo sperone della Puglia, passando per il Molise, la costa è impreziosita da bizzarre strutture di legno, delle piattaforme che si spingono sul mare con strane lunghe antenne. Si tratta dei cosiddetti ‹trabucchi› (chiamati così nel Gargano) o ‹trabocchi› (chiamati così in Abruzzo e in Molise). A vederli da lontano sembrano antichi mostri, figure mitologiche posizionate tra terra e mare. In realtà sono tradizionali macchine da pesca costruite dagli uomini con materiali poveri e, soprattutto, con infinito e ammirevole ingegno.

Sembra che i trabucchi garganici siano stati ideati perché in autunno grossi banchi di cefali migravano dalle acque salmastre dei laghi pugliesi di Lesina e di Varano verso il mare, facendo un percorso radente la costa. Pare che sia stato nei primi decenni dell'800, quando entrò in commercio il filo di ferro, che gli uomini del Gargano iniziarono a realizzare queste opere di altissima ingegneria. Erano strutture che oltre a dover sopportare le intemperie, dovevano anche reggere le oscillazioni delle reti cariche di pesci. Alla fine dell'800, nella zona del Gargano, c'erano trabucchi ovunque e questa tecnica di pesca forniva sostentamento alle famiglie e contribuiva solidamente all'economia del territorio. Rimase attiva fino agli anni Cinquanta del '900 quando, per motivi diversi, fu progressivamente abbandonata. Stessa sorte toccò ai trabocchi abruzzesi e molisani che con il tempo videro in parte svanire la

oder auch zu Fahrradwegen werden wie diejenigen zwischen Francavilla und Vasto in den Abruzzen. Und was ist mit den wunderbaren stillgelegten Leuchttürmen am Meer, von denen einige dank Sonderkonditionen in charmante Bed & Breakfasts umgewandelt worden sind?

Kommen Sie nun mit und folgen Sie mir auf den Spuren der alten Fischer …

Von den Abruzzen bis zum Sporn von Apulien, dem Gargano, und auch im Molise ist die adriatische Küste gespickt mit seltsamen Holzbauten: Plattformen, die ins Meer hinausragen, mit merkwürdigen langen Antennen aus Holz. Es handelt sich um die sogenannten Trabucchi – so heißen sie im Gargano – oder Trabocchi, wie sie in den Abruzzen und im Molise genannt werden. Von Weitem sehen sie aus wie urtümliche Monster, mythologische Figuren zwischen Land und Meer. In Wirklichkeit sind es traditionelle Fischfang-Konstruktionen, mit einfachen Mitteln von Menschenhand geschaffen. Sie erzählen von einem erstaunlichen Erfindergeist, der keine Grenzen kennt.

Es ist anzunehmen, dass die garganischen Trabucchi erfunden worden sind, weil im Herbst große Schwärme von Meeräschen von den salzhaltigen apulischen Seen bei Lesina und Verano die Küste entlang zum Meer wanderten. Als am Anfang des 19. Jahrhunderts Eisendraht auf den Markt kam, hat man diese Meisterwerke der Ingenieurskunst im Gargano errichtet. Die Baukonstruktionen mussten nicht nur den Witterungsverhältnissen, sondern auch den Pendelbewegungen der hochgezogenen, mit Fischen gefüllten Netze standhalten. Ende des 19. Jahrhunderts gab es in der Gegend überall Trabucchi, diese Fischfangtechnik ernährte die Familien und war wichtig für die regionale Wirtschaft. Bis hinein in die Fünfzigerjahre des 20. Jahrhunderts wurde sie angewandt, danach kam man aus verschiedenen Gründen immer mehr davon ab. Das gleiche Schicksal ereilte die Trabocchi in den Abruzzen und im Molise. Im Laufe der Zeit verloren sie ihre Funktion ganz und wurden

funzione e le ragioni per cui erano stati costruiti, anche a causa della sempre minor pescosità del nostro mare.

Ma gli italiani, lo sappiamo, sono un popolo pieno di risorse e di inventiva, abituato a fare miracoli con quello che ha a disposizione. È stato così che dopo un periodo di abbandono, i trabucchi sono stati riscoperti: oggi sono Patrimonio Monumentale di una civiltà costiera di pescatori e rappresentano una notevole attrazione turistica. In alcuni casi sono stati trasformati con grande successo in ristoranti estremamente caratteristici, luoghi in cui permane un'atmosfera romantica ed evocativa del passato.

Quel ragno tra cielo e mare

Antonio si avvicina al quadro. Si avvicina così tanto che sembra sbatterci il naso contro e sporcarselo di colore, ma subito a passi lenti se ne allontana. È come una danza, interrotta di volta in volta da una pennellata sulla tela, da un'immersione del pennello nel colore, o da un colpo di spatola dato come una sciabolata, veloce e preciso.

I suoi quadri, diversamente da quelli di altri pittori, sono lavorati e non dipinti d'impulso. Lui è un tipo meticoloso e soprattutto filtra la realtà che ritrae attraverso il suo mondo interiore. Per cominciare disegna a matita sulla tela i contorni in modo netto, poi si assicura che le linee formino tra loro degli equilibri perfetti e per far questo gira il quadro a testa in giù, poi sul lato destro, poi su quello sinistro. Solo alla fine, quando la struttura di linee è compiuta e risulta perfettamente equilibrata, si dedica alla parte che più ama, quella relativa al colore.

nicht mehr gebraucht, auch weil die Fischbestände zurückgingen.

Aber wie wir wissen, sind die Italiener ein einfallsreiches und erfinderisches Volk, daran gewöhnt, Wunder zu vollbringen mit dem wenigen, das sie zur Verfügung haben. Nach langer Zeit der Vernachlässigung sind die Fischergalgen wiederentdeckt worden. Heute sind sie eine Touristenattraktion und gehören zum kulturellen Erbe der adriatischen Küstenbevölkerung, die vormals hauptsächlich aus Fischern bestand. In einigen Fällen sind sie sogar mit großem Erfolg in besonders charakteristische Restaurants verwandelt worden, in romantische Orte, an denen die Vergangenheit wieder lebendig wird.

Eine Spinne zwischen Himmel und Meer

Antonio geht nahe ans Bild ran. So nahe, dass er fast mit der Nase dagegen stößt und sich mit Farbe bekleckert, aber dann tritt er langsam wieder zurück. Es ist wie ein Tanz, ab und an unterbrochen durch einen Pinselstrich auf die Leinwand, ein Eintauchen des Pinsels in die Farbe oder den Gebrauch des Spatels, den er wie einen Degen handhabt, schnell und treffsicher.

Im Gegensatz zu den Bildern manch anderer Maler sind seine Werke ausgereift und nicht aus einer Eingebung heraus gemalt. Er ist ein gewissenhafter Mensch und vor allem filtert er das, was er darstellt, durch seine innere Welt. Zu Beginn zeichnet er mit Bleistift klare Umrisse auf die Leinwand, dann prüft er, ob die Linien in einem perfekten Gleichgewicht zueinander stehen. Dazu stellt er das Bild auf den Kopf, dann auf die rechte Seite und dann auf die linke. Erst am Schluss, wenn das Liniengerüst vollendet und perfekt austariert ist, widmet er sich dem Teil, den er am meisten liebt, der Farbgebung.

I colori sono sempre stati l'elemento cardine del suo mondo e quindi anche dei suoi quadri. Questo non per scelta, ma perché fin da bambino i colori operavano su di lui come bacchetta magica. Bastava un rosso, un senape, un blu cobalto, a farlo partire per un mondo fantastico e appagante, lontano dalla monocromia della realtà.

Fin da ragazzo, aveva capito molto presto che la sua vocazione non era quella di pescare, bensì quella di dipingere. Il problema semmai era stato convincere gli altri di questo fatto, cosa che non gli era mai riuscita particolarmente bene.

Ma questo quadro, la rappresentazione di un grande trabucco, non lo convince, sembra mancare qualcosa. Antonio si avvicina per osservarne i particolari e poi se ne allontana scettico per uno sguardo d'insieme.

Ero venuta sulle coste pugliesi con l'intento di salire su un trabucco e per sentirmi, anche solo un momento, come quegli antichi pescatori miei avi che lavoravano tra il mare e il cielo. Volevo che fossero proprio loro a ispirare la scrittura del mio racconto.

Ed ecco, come per magia, presentarsi l'occasione. Ha l'aspetto di un uomo di un altro tempo, capelli e barba bianchi, e sta dipingendo il trabucco che abbiamo di fronte, esattamente quello su cui volevo avventurarmi. All'inizio ho paura che la mia presenza lo disturbi, ma poi mi faccio coraggio. Convinta che «con la dolcezza si ottiene tutto», gli spiego con un bel sorriso che vivo in Germania, ma vengo da quel mare dove probabilmente i miei antenati hanno lavorato su un trabucco. Gli confesso che mi piacerebbe tanto raccontare il nostro incontro in un libro. Con una smorfia che sembra un sorriso venuto male, quasi come non fosse abituato a sorridere, mi fa sedere vicino a lui, sulla roccia dove quadro e cavalletto sembrano stare miracolosamente in bilico.

Die Farben waren schon immer Dreh- und Angelpunkt seiner Welt und deshalb auch seiner Bilder. Das hat er sich nicht ausgesucht, schon von Kindheit an wirkten Farben auf ihn wie ein Zauberstab. Es genügte ein Rot, ein Senfgelb, ein Kobaltblau, um ihn in eine fantastische und sinnenfrohe Welt zu entführen, weit weg von der eintönigen Realität.

Er hatte schon früh begriffen, dass die Fischerei nicht seine Berufung war, wohl aber die Malerei. Das Problem war eher, die anderen davon zu überzeugen, und das war ihm nie besonders gut gelungen.

Dieses Bild, die Darstellung eines großen Trabucco, gefällt ihm noch nicht, irgendetwas fehlt. Antonio geht darauf zu, um die Einzelheiten zu betrachten, und nimmt dann skeptisch Abstand, um einen Überblick zu bekommen.

Ich war mit der Absicht an die apulische Küste gekommen, auf einen Trabucco zu steigen und mich wenigstens für einen Augenblick so zu fühlen wie meine Vorfahren. Sie arbeiteten als Fischer zwischen Himmel und Meer und sollten meine Erzählung inspirieren.

Wie durch Magie ergibt sich jetzt die Gelegenheit dazu. Antonio sieht aus wie jemand aus einer anderen Zeit, weiße Haare und weißer Bart, und er malt gerade den Trabucco gegenüber, genau den, den ich für mein Abenteuer im Auge hatte. Anfangs fürchte ich, dass meine Anwesenheit ihn stören könnte, aber dann fasse ich mir ein Herz. Überzeugt davon, dass man mit Freundlichkeit alles erreicht, erkläre ich ihm mit einem Lächeln, dass ich in Deutschland lebe, aber von dieser Küste stamme, wo meine Vorfahren wahrscheinlich auf einem Trabucco gearbeitet hätten. Ich gestehe ihm, dass ich unsere Begegnung sehr gerne in einem Buch festhalten würde. Mit einer Grimasse, die einem schlecht gelungenen Lächeln ähnelt – als wäre er es nicht gewohnt zu lächeln –, lädt er mich ein, mich neben ihn auf den Felsen zu setzen, wo auch Bild und Staffelei in einem wundersamen Gleichgewicht stehen.

La struttura del trabucco è lì, perfetta, sulla tela: «c'è il ponte rettangolare sostenuto dai pali di legno incastrati nella roccia, ci sono le reti e gli argani per manovrarle, e poi il casotto per contenerle». Non manca niente. Antonio elenca ad alta voce gli elementi del trabucco che conosce a memoria e continua: «questi sono i due grandi alberi per fissare le antenne, le quali sono della lunghezza giusta per sostenere, protese verso il mare, l'enorme carico delle reti, vuote prima e piene dopo … Eppure …»

In effetti non sembra mancare niente, però Antonio è tormentato da una sensazione di imperfezione. Questo trabucco che ha dipinto non lo fa vibrare come succede di solito con i quadri che gli vengono bene, pensoso guarda e riguarda la tela accarezzandosi la barba bianca.

«Certo, come si fa a dipingere un trabucco con la pancia piena e con i piedi che toccano terra!» borbotta lanciandomi uno sguardo. Lui lo sa bene cosa vuol dire essere un trabucchista (termine che indica chi lavora nel trabucco garganico), lui stesso lo è stato da giovane e così lo sono stati suo padre e i suoi tre fratelli.

«Eh no, la pancia piena non c'era proprio! Essere trabucchisti voleva dire non mangiare se non si pescava! E non si avevano neanche i piedi che toccavano terra su quella palafitta in bilico tra mare e roccia che tremava all'arrivo delle onde e che, da un momento all'altro, sembrava sul punto di cedere alla loro forza». Mentre mi parla dà una pennellata leggera sulla tela.

«Sembra un ragno», dico, e subito me ne pento, ma fortunatamente Antonio sorride e annuisce.

«Da piccoli lavoravamo tutti proprio qui, io, mio padre e i miei fratelli. Vedi, quello che ti sembra un ragno, era una macchina per pescare cefali da agosto a novembre.»

Auf der Leinwand ist schon der gesamte Grundriss des Trabucco aufgezeichnet: « Da ist die rechteckige Brücke, gestützt von den in die Felsen gerammten Holzpfählen, da sind die Netze und die Seilwinden, um sie zu manövrieren, und die Hütte, um sie aufzubewahren. » Es fehlt nichts. Laut zählt Antonio die einzelnen Teile des Trabucco auf, er kennt sie in- und auswendig. Er fährt fort: « Das da sind die beiden großen Masten für die Befestigung der Holz-Antennen, die von der Länge her genau stimmen, um das enorme Gewicht der über dem Meer hängenden Netze auszuhalten, erst die leeren, dann die vollen … und doch … »

Es scheint wirklich nichts zu fehlen, aber Antonio ist verwirrt, er spürt, dass etwas nicht stimmt. Dieser Trabucco, den er da gemalt hat, sendet keine Schwingungen aus wie andere Bilder, die ihm gut gelungen sind. Nachdenklich betrachtet er die Leinwand und streicht sich über den weißen Bart.

« Wie soll man auch einen Trabucco malen mit vollem Bauch und den Füßen auf dem Festland! », murmelt er vor sich hin und wirft mir einen Blick zu. Er weiß zu gut, was es heißt, ein Trabucchista zu sein (so werden die garganischen Galgenfischer genannt), in jungen Jahren war er selbst einer, so wie sein Vater und seine drei Brüder.

« O nein, voll war der Bauch damals nicht! Trabucchista sein hieß, nichts zu essen zu haben, wenn nichts gefangen wurde! Und die Füße hatte man auch nicht auf festem Boden auf diesen Pfahlbauten halb im Meer, halb auf Felsen. Sie erbebten unter dem Ansturm der Wellen und man war nie sicher, ob sie nicht nachgeben würden. » Während er mit mir spricht, trägt er mit leicht geführtem Pinsel etwas Farbe auf.

« Sieht aus wie eine Spinne », sage ich und bereue es sofort, aber glücklicherweise lächelt Antonio und nickt.

« Von klein auf haben wir alle hier gearbeitet, ich, mein Vater und meine Brüder. Was dich an eine Spinne erinnert, ist eine Vorrichtung für den Fang von Meeräschen, von August bis November. »

Lo so, mi sono informata, i pesci in quei mesi si spostavano dal lago di Varano verso il mare per trovare posti adatti dove deporre le uova. Sembravano sapere che al largo avrebbero trovato pesci molto grossi pronti a mangiarli, e allora facevano il tragitto sotto costa ignari dell'altro pericolo che li attendeva. Quando i pescatori del luogo se ne resero conto, capirono che avrebbero avuto la possibilità di pescare senza correre troppi rischi e iniziarono a costruire i trabucchi.

«A volte è così nella vita, per sfuggire a qualcosa che fa paura si cambia strada senza sapere che proprio la nuova strada sarà quella che condurrà al pericolo fatale», aggiunge Antonio. Sembra che mi abbia letto nel pensiero e mi torna in mente la storia di quel cavaliere che, per scappare alla morte, si diresse verso Samarcanda dove ad attenderlo c'era proprio lei.

«In primavera, invece, pescavamo le seppie ... di notte, con dei fari enormi che illuminavano il mare rivelandoci il segreto della sua intimità», continua il pittore.

«L'invenzione dei trabucchi per le famiglie dei pescatori fu un gran sollievo perché pescare in barca era molto più pericoloso. Potevi uscire in mare che il tempo era bello e poi, al largo, incappavi nel vortice di una tempesta e a quel punto dovevi cavartela da solo, con onde più grandi di te che potevano risucchiarti in un attimo. Oppure, se eri sfortunato, ti attaccavano i pirati! Sai quanti pescatori sono morti? ... Sai quante volte si vedevano le loro mogli gettare in acqua le immagini dei santi pregandoli di far rientrare sani e salvi mariti, padri, fratelli e figli?»

Lo sguardo di Antonio si vela, «Il mare è un grande distruttore», aggiunge perentorio.

Siccome Antonio era il più piccolo dei fratelli, e quindi il più leggero, toccava a lui stare sempre all'erta sull'antenna più lunga per avvistare i banchi dei pesci.

Das weiß ich, ich habe mich kundig gemacht, in diesen Monaten wanderten die Äschen vom See von Verano zum Meer und suchten sich geeignete Laichplätze. Sie schienen zu wissen, dass auf dem offenen Meer die großen Fische nur darauf warteten, sie zu verspeisen, darum blieben sie nahe an der Küste. Sie ahnten nichts von der anderen Gefahr, die ihnen dort drohte. Als die ortsansässigen Fischer das erkannt hatten, wussten sie gleich, dass sie in dieser Zeit ohne große Risiken Fische fangen konnten, und so entwickelten sie die Trabucchi.

« Manchmal ist es im Leben so : Man hat Angst vor etwas und will der Gefahr ausweichen, nimmt einen anderen Weg und weiß nicht, dass gerade dieser andere Weg ins Unglück führt », ergänzt Antonio. Er schien meine Gedanken gelesen zu haben, denn mir war die Geschichte mit dem Ritter in den Sinn gekommen, der dem Tod entkommen wollte und den Weg nach Samarcanda nahm, wo dieser ihn schon erwartete.

« Im Frühling hingegen fingen wir Tintenfische … in der Nacht, mit riesigen Scheinwerfern, die das Meer durchleuchteten und seine Geheimnisse enthüllten », fährt der Maler fort.

« Die Erfindung der Trabucchi war eine große Erleichterung für die Fischerfamilien, denn der Fischfang vom Boot aus war viel gefährlicher. Du konntest bei schönem Wetter aufs Meer hinausfahren und weit draußen plötzlich in einen Sturm geraten, und dann musstest du es alleine aufnehmen mit Wellen, die größer waren als du und dich im Nu verschlingen konnten. Oder, wenn du Glück hattest, griffen dich Piraten an ! Weißt du, wie viele Fischer zu Tode gekommen sind? Weißt du, wie oft ihre Frauen Heiligenbilder ins Wasser warfen und beteten, dass ihre Männer, Väter, Brüder und Söhne heil heimkehrten ? »

Antonios Blick verdüstert sich, « Das Meer ist eine große Gewalt », sagt er abschließend.

Da Antonio das jüngste Kind war und auch das leichteste, musste immer er als Aufpasser auf die längste Antenne hinausklettern und die Fischschwärme beobachten.

« Sai, al paese dicevano che quando stavi sulle antenne eri lontano da Dio e dal mondo. Era vero. Trascorrevo il tempo a fissare l'acqua, la guardavo per ore senza poter distogliere lo sguardo perché ogni momento poteva essere quello buono. »

Gli dico che immagino non fosse facile stare lì fermi ad aspettare e lui me lo conferma. Mi racconta che per non addormentarsi cantavano tutti insieme. Però appena intravvedeva delle ombre tra il blu e l'argento riconosceva il banco che si avvicinava e avvertiva tutti gli altri di prepararsi e di tirare su le reti al suo segnale. Era un momento fondamentale, ci volevano velocità, concentrazione destrezza, prontezza di riflessi.

« Al mio urlo, mio padre e mio fratello saltavano in piedi pieni di energia, si buttavano sui bracci dell'argano e lo spingevano con il petto per chiudere e sollevare la rete. »

Era allora che iniziava davvero la lotta tra l'uomo e l'animale, tra il predatore e la preda. Da una parte velocità, forza e ingegno lottavano per chiudere le reti e assicurare così il sostentamento alla famiglia, dall'altra agilità, paura, istinto erano tesi a evitare la trappola e, anche in quel caso, a garantirsi la sopravvivenza.

Sulla tavolozza Antonio mischia il rosso sangue con il blu dell'acqua, la pennellata che ne viene fuori è viola, come un drappo funereo. Ora è immerso nel flusso del suo mondo artistico e probabilmente rivede davanti a sé i cefali enormi che, in preda alla disperazione, facevano balzi alti tre metri per sfuggire alla rete sospesa nell'aria o che, trovato un punto debole nella rete, la squarciavano con il loro peso riuscendo a rituffarsi in mare.

« A volte si rompevano le reti e perdevamo tutto », continua a raccontare e ad aggiungere del rosso.

Pennellata dopo pennellata sulla tela si intravede il

«Sie sagten im Dorf, wenn du auf der Antenne bist, bist du weit weg von Gott und weit weg von der Welt. Genauso war es. Ich verbrachte die Zeit damit, ins Wasser zu starren, stundenlang, ohne den Blick abwenden zu dürfen, denn jeder Moment hätte der entscheidende sein können.»

Ich sage, dass es wohl nicht leicht war, dort auszuharren und zu warten, und er pflichtet mir bei. Er erzählt mir, dass sie zusammen gesungen hätten, um nicht einzuschlafen. Aber sobald ihm silberblau schillernde Schatten auffielen, erkannte er den nahenden Schwarm und alarmierte die anderen, sich vorzubereiten und auf sein Zeichen hin die Netze hochzuziehen. Jetzt kam es darauf an, konzentriert und geschickt zu sein und schnell reagieren zu können.

«Auf meinen Ruf hin sprangen mein Vater und mein Bruder blitzartig auf, warfen sich auf die Hebel der Seilwinde und stemmten sich mit der Brust dagegen, um die Netze zu schließen und hochzuziehen.»

Dann begann der Kampf zwischen Mensch und Tier erst richtig, zwischen Jäger und Gejagtem. Auf der einen Seite kämpften Verstand, Schnelligkeit und Kraft darum, die Netze hochzuziehen und so die Familie zu ernähren, auf der anderen Seite arbeiteten Instinkt, Flinkheit und Angst daran, der Falle zu entkommen und, auch hier, das Überleben zu sichern.

Auf seiner Palette mischt Antonio Blutrot mit Wasserblau, auf der Leinwand ergibt das ein Violett, wie ein Leichentuch. Jetzt ist er eingetaucht in den Fluss seines künstlerischen Schaffens und wahrscheinlich sieht er vor sich die enormen Meeräschen, die in ihrer Verzweiflung drei Meter hoch sprangen, um dem in der Luft hängenden Netz zu entkommen, oder eine Schwachstelle im Netz entdeckten, diese mit ihrem Gewicht durchbrachen und es zurück ins Meer schafften.

«Manchmal gingen die Netze kaputt und wir haben alles verloren», erzählt er weiter und trägt noch etwas mehr Rot auf.

Nach jedem Pinselstrich kann man den Fischschwarm auf

banco di pesci. Ha ritrovato quel blu e argento con sfumature di rosso che si erano impressi nella sua memoria. Si lascia andare alla fantasia come faceva da bambino, e precipita nell'attimo magico di un giorno in cui, sdraiato a pancia in giù sull'antenna, guardava l'acqua. A un certo punto aveva visto le ombre iridate del banco di cefali. Davanti a quegli animali snelli e leggeri era rimasto incantato e ammaliato, nuotavano in sincronia avanzando nell'acqua cristallina, erano una massa blu e argento, lo stesso colore che ora c'era sul suo pennello. Era rimasto imbambolato, si era perduto dentro quella visione meravigliosa al punto da dimenticarsi di lanciare il suo urlo, di gridare che sollevassero le reti. E infatti le reti erano rimaste dov'erano e in pochi secondi il banco era scomparso.

I fratelli e il padre non lo guardarono più in faccia per mesi e gli proibirono di salire sul trabucco. Quanto a lui non era neanche troppo dispiaciuto, anzi, era quasi felice di aver salvato la vita di quegli esseri perfetti, sorta di fate acquatiche che volavano nell'acqua tingendola d'argento.

Mentre Antonio pensa a quei bellissimi pesci, la sua mano continua a dipingere da sola per mezzo di quel colore meraviglioso che, magicamente, gli ha dischiuso le porte della fantasia.

Allora io mi allontano, questa volta decisa a non disturbare.

der Leinwand besser erkennen. Antonio hat jenes Silberblau mit einem Stich ins Rote gefunden, das ihm im Gedächtnis geblieben ist. Er lässt seiner Fantasie freien Lauf, wie damals als Kind, und stürzt sich in den magischen Augenblick eines Tages, als er bäuchlings auf einer Antenne lag und ins Wasser schaute. Plötzlich hatte er die regenbogenfarbenen Fische entdeckt. Er war verzaubert von den schlanken, flinken Tieren, ja verhext. Sie schwammen im Schwarm durch das kristallklare Wasser, bildeten eine Masse aus Blau und Silber, demselben Farbton wie der, der sich jetzt auf seinem Pinsel befand. Er war gebannt, hatte sich in jenem wunderbaren Anblick verloren und völlig vergessen, zu rufen und das Hochziehen der Netze zu veranlassen. Die Netze waren geblieben, wo sie waren, und in wenigen Sekunden war der Schwarm verschwunden.

Der Vater und die Brüder schauten ihm monatelang nicht ins Gesicht und verboten ihm, auf den Trabucco zu steigen. Es machte ihm jedoch nicht allzu viel aus, er war sogar froh darüber, diesen perfekten Wesen das Leben gerettet zu haben, diesen Feen, die durchs Wasser flogen und es silbern färbten.

Während Antonio an die wunderschönen Fische denkt, malt seine Hand von allein weiter mit jener wunderbaren Farbe, die ihm auf magische Weise die Pforten der Fantasie aufgeschlossen hat.

Für mich ist es der Moment zu gehen, ich möchte nicht weiter stören.

Intervista al traboccante-ristoratore Enrico D'Antonio

Un modo «moderno» di godersi queste macchine da pesca è quello di muoversi lungo la Costa dei Trabocchi in Abruzzo. Nel percorso che va da Francavilla al Mare e prosegue fino a Vasto, sono stati creati 42 km di pista ciclabile da cui si gode un panorama mozzafiato sul mare Adriatico e sui trabocchi. Anche questo progetto è sorto da qualcosa di «vecchio», di dimenticato e ormai in disuso, ovvero un tratto dell'antica ferrovia adriatica diventato ora itinerario privilegiato per amanti della bicicletta, del mare e delle specialità ittiche locali. Lungo la pista si può far sosta in un trabocco per mangiare pesce fresco. Non volevo perdermi quest'esperienza, bici, casco e una fantastica, indicibile sensazione di libertà: pedalare e guardare il mare … e all'ora di pranzo …

Mi incammino lungo la passerella fatta di assi di legno che mi permetterà di raggiungere un ristorante decisamente fuori del comune. È abbastanza lunga e provo una sensazione strana a procedere al di sopra delle onde che sembrano piuttosto inquiete. Divento inquieta anch'io fino a quando non arrivo in fondo dove Enrico mi accoglie con un sorriso.

All'interno della piattaforma ci sono tavolini eleganti, una parte del pavimento è trasparente. Sotto si vedono le onde che si infrangono sulla struttura portante del trabocco. La sensazione di perdere un po' l'equilibrio permane, ma resisto. Il nonno materno del proprietario era un pescatore, nello specifico un traboccante.

Lei quindi è figlio d'arte?
Mio nonno era già la settima generazione di traboccanti, noi nipoti siamo la nona. Aveva trascorso la vita sul trabocco, aiutava il padre a pescare fin da quando aveva 5 o

Interview mit dem Trabocco-Gastwirt Enrico d'Antonio

Eine «moderne» Art, sich an diesen Fischergalgen zu erfreuen, ist es, die «Küste der Trabocchi» in den Abruzzen zu bereisen. Auf der Route von Francavilla bis ans Meer und dann weiter bis nach Vasto ist ein 42 km langer Radweg gebaut worden, der ein atemberaubendes Panorama auf die Adria und Trabocchi bietet. Dieses Projekt ist auch aus etwas «Altem», Vergessenem und mittlerweile nicht mehr Betriebenem hervorgegangen. Ein Abschnitt der alten Zugstrecke entlang der Adria ist zu einer Lieblingsstrecke geworden für diejenigen, die ihr Fahrrad, das Meer und die lokalen Fischspezialitäten lieben. Man kann in einem Trabocco Rast machen und frischen Fisch kosten. Ich wollte mir dieses Erlebnis nicht entgehen lassen. Rad, Helm und das fantastische, unbeschreibliche Gefühl von Freiheit: In die Pedale treten mit Meerblick … und wenn es Mittag ist …

Ich gehe über einen Steg aus Holzbalken, der zu einem Restaurant führt, das definitiv außergewöhnlich ist. Der Steg ist ziemlich lang und es fühlt sich merkwürdig an, über den Wellen des eher unruhigen Meeres einherzuschreiten. Auch mich überkommt eine gewisse Unruhe, bis ich am Ende des Stegs angekommen bin. Enrico empfängt mich mit einem Lächeln.

Auf der Plattform stehen elegante Tische, ein Teil des Bodens ist durchsichtig. Man sieht, wie sich die Wellen am Unterbau des Trabocco brechen. Ich habe immer noch das Gefühl, das Gleichgewicht zu verlieren, aber ich wehre mich dagegen. Der Großvater des Inhabers mütterlicherseits war Fischer, genauer ein Galgenfischer oder eben ein Traboccante.

Sie haben es also im Blut?

Mein Großvater lebte schon in siebter Generation vom Galgenfischen, wir sind die neunte. Er hat sein ganzes Leben auf dem Trabocco verbracht, er half seinem Vater beim Fischen, seit er

6 anni. Mi dispiace che non abbia vissuto la nuova era dei trabocchi, la loro riconversione in ristoranti.

Ho visto che la struttura poggia su pali di ferro.
Sì, sono le rotaie della ferrovia, tutti i trabocchi di questa zona erano fissati al fondale con vecchie rotaie. I traboccanti di 100 anni fa usavano i materiali che reperivano nei dintorni, i pali di acacia e di ferro. Si tratta di strutture che richiedono molta manutenzione, d'inverno ci si immerge con la muta e con le bombole per aggiustare o sostituire i pali corrosi dal mare. Ogni rotaia può durare 10-15 anni, poi va cambiata.

Suo nonno quand'è che ha smesso di pescare nel trabocco?
Verso il 2000, dopodiché per un periodo il trabocco è stato abbandonato e in seguito, fortunatamente, abbiamo deciso di trasformarlo in ristorante. La trasformazione di questo in cui ci troviamo è stata supervisionata da mio padre che era un costruttore di trabocchi.

Quando è nato il ristorante?
Nel 2007. Un anno prima è stata smantellata la ferrovia che c'era qui, dove ora c'è la pista ciclabile, e così abbiamo potuto iniziare quest'avventura. Prima era impossibile con i treni così vicini. È iniziato tutto come un gioco: con un gruppo di amici venivamo a pescare nel tempo libero e poi cucinavamo il pesce appena pescato e lo mangiavamo qui … con il tempo è diventata una vera e propria attività.

In quanti lavorate qui?
La gestione è a livello familiare, ho iniziato con mia madre e mio padre, c'è un mio cugino che mi aiuta … anche ai tempi di mio nonno il trabocco dava da mangiare a

fünf oder sechs Jahre alt war. Leider hat er die neue Ära der Trabocchi nicht mehr erlebt, ihre Umfunktionierung in Restaurants.

Ich habe gesehen, dass das Ganze auf Eisenpfählen ruht.
Ja, das sind Eisenbahnschienen, alle Trabocchi dieser Gegend sind mit alten Schienen auf dem Untergrund befestigt worden. Vor etwa hundert Jahren verwendeten die Traboccanti die Materialien, die sie in der Umgebung finden konnten, die Pfähle waren aus Akazienholz oder Eisen. Diese Konstruktionen müssen ständig gewartet werden, im Winter gehen wir im Taucheranzug und mit Sauerstoffflaschen hinunter, um die vom Salzwasser angefressenen Pfähle zu reparieren oder auszutauschen. Jede Schiene hält zehn bis fünfzehn Jahre, dann wird sie ersetzt.

Wann hat ihr Großvater aufgehört, mit dem Galgen zu fischen?
So um 2000 herum, danach blieb der Trabocco eine Zeit lang sich selbst überlassen und später haben wir glücklicherweise beschlossen, ihn in ein Restaurant zu verwandeln. Mein Vater war ein Trabocchi-Ingenieur, er hatte die Oberaufsicht über die Umgestaltung.

Wann wurde das Restaurant eingeweiht?
2007. Ein Jahr davor wurde die Eisenbahnlinie demontiert – da, wo heute der Radweg ist – und so konnten wir dieses Abenteuer wagen. Vorher wäre es unmöglich gewesen, so nahe an den Gleisen. Anfangs war alles nur ein Spaß. Mit Freunden kamen wir in unserer Freizeit hierher zum Fischen, kochten zusammen den frisch gefangenen Fisch und verspeisten ihn auch hier … mit der Zeit ist daraus ein richtiges Geschäft geworden.

Wie viele arbeiten hier?
Die Wirtschaft wird von der Familie geführt, ich habe mit Vater und Mutter angefangen und einer meiner Cousins hilft mit … auch zu Zeiten meines Großvaters ernährte der Trabocco viele

tante famiglie, lui aveva 5 fratelli che poi si sono sposati e le mogli andavano a vendere nei mercati o nelle piazze il pesce pescato dai mariti.

State aperti tutto l'anno?
No, da marzo a ottobre.

Pescate ancora da questo trabocco?
Fino a poco tempo fa sì, questo è uno dei trabocchi più pescosi perché è in mare aperto. Pescavamo cefali, altrimenti il pesce di paranza, triglie, mormore, occhiate. Poi, con l'aumento dei clienti avevamo poco spazio e abbiamo dovuto mettere i tavoli anche nella zona che era adibita alla pesca, ora il pesce ce lo portano i pescatori della zona.

È contento del suo lavoro?
Sì, per me è una passione. Già da piccolo stavo ore con mio padre seduto sul trabocco a guardare il mare e ho imparato ad amarlo, ora non potrei più farne a meno. Certo non è un lavoro semplice, passiamo tutto il giorno qui, dalla mattina alla sera, io in sala e mia moglie in cucina … Magari d'ora in poi ci staremo un po' meno però …

Lo sguardo di Enrico improvvisamente si addolcisce, lui stesso sembra trasformarsi in un'altra persona, in un innamorato. Apre il cellulare e mi fa vedere una foto, sento dalla voce che è emozionato, mi dice: « Vede, questa è Elettra …è nata ieri … »

Con questa bella notizia mi congedo da Enrico, immaginandolo negli anni a venire in compagnia della sua piccola Elettra sul trabocco, intento a guardare il mare e a trasmetterle il suo amore per questa bellissima tradizione che resta anche nel suo mutare.

Familien. Er hatte fünf Brüder, deren Ehefrauen auf den Märkten oder auf den Plätzen den Fisch verkauften, den ihre Männer gefangen hatten.

Habt ihr das ganze Jahr geöffnet?
Nein, von März bis Oktober.

Werden auf diesem Trabocco auch noch Fische gefangen?
Bis vor Kurzem schon, das ist einer der fischreichsten Trabocchi, weil er im offenen Meer ist. Wir fischten Meeräschen, mit dem Schleppnetz auch Rotbarben, Meerbrassen und Marmorbrassen. Als dann immer mehr Gäste kamen, brauchten wir den ganzen Platz für die Tische, heute bringen uns die regionalen Fischer ihren Fang.

Sind Sie glücklich mit Ihrer Arbeit?
Ja, sie ist meine Leidenschaft. Schon von klein an saß ich stundenlang mit meinem Vater auf dem Trabocco, blickte aufs Meer und lernte es lieben. Ich könnte nicht mehr ohne leben. Sicher ist es kein leichter Job, wir sind den ganzen Tag da, von morgens bis abends, ich hier und meine Frau in der Küche … wer weiß, vielleicht sind wir demnächst auch nicht mehr so oft hier …

Plötzlich scheint sich Enrico in jemand anderen zu verwandeln, er hat auf einmal den verklärten Blick eines Verliebten. Er zeigt mir ein Foto auf seinem Handy. Mit bewegter Stimme sagt er: « Schauen Sie, das ist Elettra … sie ist gestern auf die Welt gekommen … »

Mit dieser frohen Kunde verabschiede ich mich von Enrico. Ich stelle mir vor, wie er in den kommenden Jahren in Gesellschaft seiner kleinen Elettra auf dem Trabocco sitzt und sie aufs Meer hinausschauen. Er wird seine Liebe für diese schöne Tradition an sie weitergeben, die bleibt, auch wenn sie sich ändert.

L'Italia dei pascoli e dei tratturi

Da sempre in Italia la pastorizia ha rappresentato un'importante attività economica. Contrariamente al tipico allevamento nelle stalle, è per tradizione legata al pascolo libero, per cui gli animali sono accompagnati dal pastore là dove possono trovare erba per il loro sostentamento. Si tratta quindi di un'attività in cui il movimento è costante. A seconda della stagione, i pastori trasferivano e trasferiscono tutt'oggi (ormai in pochi ancora a piedi) le greggi da un pascolo all'altro. I pastori cominciavano a muoversi in anticipo sulla calura estiva, prima che cominciasse a bruciare i campi e a creare siccità. Centinaia di migliaia di pecore venivano condotte a piedi per chilometri e chilometri, percorrendo i cosiddetti «tratturi», larghi sentieri di erba e sassi creati negli anni dal passaggio del bestiame. Ai primi segni d'estate, dalle pianure si saliva alle montagne e, dopo qualche mese, in autunno, prima dell'inverno e della neve, si scendeva compiendo il percorso inverso verso luoghi dal clima mite dove gli animali potevano partorire tranquillamente e produrre il loro latte. Questo fenomeno millenario, che teneva per mesi i pastori lontani dalle loro famiglie in compagnia del bestiame e dei cani che lo proteggevano, è la transumanza, proclamata dall'Unesco patrimonio immateriale dell'umanità nel 2019.

L'Italia è stata tutta terra di transumanza, dalle Alpi alle pianure fluviali, soprattutto quella del Po, ma anche dell'Adige e altri fiumi. Per secoli le regioni dell'Appennino centro-meridionale, la Maremma toscana e laziale, la Campania e le zone di pianura della Puglia (a Foggia c'era addirittura la Dogana delle pecore) sono state tra

Weiden und Triften in Italien

Seit jeher ist die Weidewirtschaft in Italien ein wichtiger Wirtschaftszweig. Im Gegensatz zur typischen Tierhaltung in Ställen wird sie traditionell mit offenen Weiden verbunden, auf denen die Herde von einem Hirten dorthin begleitet wird, wo sie ausreichend Futter findet. Es handelt sich also um eine Aktivität mit ständiger Bewegung. Je nach Jahreszeit überführten oder überführen die Hirten auch heute noch ihre Herden von einer Weide zur nächsten (wenige auch heute noch zu Fuß). Sie begannen jeweils ihre Wanderung, noch bevor die sommerliche Hitze anfing die Felder zu verbrennen und alles verdorrte. Hunderttausende Tiere wurden zu Fuß über Kilometer und Kilometer getrieben, sie folgten den sogenannten «Triften» – breiten Wegen aus Gras und Steinen, die sich im Laufe der Jahre, in denen das Vieh durchgezogen war, gebildet hatten. Kündigte sich der Sommer an, stieg man von den Ebenen in die Berge hinauf und nach einigen Monaten, im Herbst, vor Wintereinbruch, lief man den umgekehrten Weg hinab und führte die Herde in Gegenden mit mildem Klima, wo die Tiere in Ruhe ihre Lämmer oder Zicklein gebären und Milch bilden konnten. Die Hirten verbrachten Monate fern von ihren Familien, nur in Gesellschaft der Herde und der Hirtenhunde. Dieses jahrtausendealte Phänomen nennt sich Transhumanz oder Wanderweidewirtschaft und wurde von der UNESCO 2019 zum immateriellen Weltkulturerbe erklärt.

Über Jahrhunderte wurde in ganz Italien Wanderweidewirtschaft betrieben, von den Alpen bis zu den Flusslandschaften, vor allem zur Poebene hin, aber auch zur Etsch und zu anderen Flüssen, am aktivsten im südlichen Apennin, in der Maremma der Toscana und im Latium, in Kampanien und in den apulischen Ebenen. In Foggia gab es sogar einen Schafzoll.

le più attive. I percorsi si snodavano tra campi coltivati, piccoli borghi, le cosiddette stazioni di posta dove si organizzavano le soste, chiesette rurali, icone sacre, pietre di confine. Arti ed economie locali, ora parti del poliedrico folclore italiano, sono nate proprio lungo questi tracciati e in connessione con il passaggio di infiniti capi di bestiame. Si va dall'arte del tombolo a quella dei coltelli, dalla tessitura della lana alla lavorazione della ceramica, all'intaglio del legno, alla creazione di zampogne, fuscelle in vimini e via discorrendo.

Oggi la transumanza è ancora praticata, soprattutto tra Molise, Abruzzo e Puglia, in Lazio e Campania, è diffusa anche al nord in Alto Adige, Lombardia, Valle d'Aosta, Veneto e nelle isole. A differenza dell'agricoltura, che nelle stagioni fredde concede un po' di tregua, la pastorizia richiede un intenso lavoro quotidiano con pochi momenti di riposo e, forse anche per questo, è da sempre vista come un lavoro da uomini. Negli ultimi anni qualcosa è intervenuto a cambiare anche questo mondo. Donne con caratteristiche diverse hanno riportato in auge quest'attività. Hanno soprattutto contribuito a trasformare il rapporto tra pastore, animali e territorio, liberandolo dall'antica impostazione patriarcale, optando invece per una chiave più materna che aspira alla conservazione della vita. Se n'è accorta Anna Kauber, regista, scrittrice e paesaggista, che è partita a bordo della sua Panda gialla e per due anni – percorrendo 17 000 chilometri da nord a sud – ha seguito le nuove donne pastore d'Italia trascorrendo le giornate con loro.

Oggi i percorsi della transumanza sono diventati anche un modo diverso di esplorare il nostro paese, un'occasione per spostarsi a piedi con ritmi e tempi diversi da quelli che la vita quotidiana impone. Gli antichi trattu-

Die Routen verliefen entlang von bebauten Feldern, kleinen Dörfern, den sogenannten Poststationen, wo die Aufenthalte organisiert wurden, vorbei an kleinen Dorfkirchen, Bildstöcken und Grenzsteinen. Entlang dieser Routen sind lokale Künste und lokale Wirtschaftszweige entstanden, die heute Italiens Vielfalt ausmachen und zu tun haben mit den unzähligen Tieren, die immer wieder vorbeizogen. Das reicht von der Kunst des Klöppelns bis zur Schmiedekunst, von der Wollweberei bis zur Keramikverarbeitung, zur Holzschnitzerei, zur Erfindung der Sackpfeife, der Korbflechterei und so weiter und so fort.

Heutzutage wird die Wanderweidewirtschaft immer noch betrieben, vor allem zwischen Molise, Abruzzen und Apulien, im Latium und in Kampanien. Im Norden ist sie noch in Südtirol, in der Lombardei, im Aostatal, in Venetien und auf den Inseln verbreitet. Im Unterschied zur Landwirtschaft, die es in der kälteren Jahreszeit erlaubt, die Arbeit etwas ruhen zu lassen, erfordert die Weidewirtschaft tägliches intensives Arbeiten mit wenigen Momenten der Erholung. Vielleicht auch deshalb wird sie seit jeher als Männersache betrachtet. In den letzten Jahren verändert sich diese Welt zunehmend. Frauen unterschiedlichster Art haben das Geschäft neu belebt. Sie haben vor allem dazu beigetragen, das Verhältnis des Hirten zu Tier und Territorium zu verändern, indem sie von einer patriarchalen Herangehensweise abgekommen sind und stattdessen auf einen eher mütterlichen Zugang setzen, der auf die Erhaltung des Lebens abzielt. Das ist Anna Kauber aufgefallen. Sie ist Regisseurin, Schriftstellerin und Landschaftsarchitektin. Mit ihrem gelben Fiat Panda ist sie losgezogen, ist zwei Jahre lang – 17 000 Kilometer von Norden nach Süden – den neuen italienischen Hirtinnen nachgereist und hat die Tage mit ihnen verbracht.

Heute stellen die Wanderweiderouten auch eine neue Art dar, unser Land zu entdecken, eine Gelegenheit, sich zu Fuß fortzubewegen, in anderem Rhythmus und anderer Geschwindigkeit als im Alltag. Die alten Triften sind heute

ri sono ora suggestivi cammini e interessanti percorsi trekking caratterizzati da una grande biodiversità, che attraversano paesini dove la tradizione rurale è rimasta in parte ancora intatta.

Un esempio sono i cinque Regi Tratturi, una rete di circa 3 100 km che si estende principalmente tra Abruzzo, Molise, Umbria, Basilicata, Campania e Puglia (ma ci sono percorsi quasi in tutte le regioni):

Tratturo Magno, L'AQUILA-FOGGIA – Con i suoi 244 km è il tratturo più importante e forse il più spettacolare. Parte dai massicci del Gran Sasso e arriva agli enormi pascoli del Tavoliere delle Puglie toccando più volte la costa del mar Adriatico.

Tratturo CENTURELLE-MONTESECCO – Consigliati agli amanti del colore. Lungo 155 km, attraversa la via dello zafferano di Navelli che, durante il periodo della fioritura in autunno, si colora di viola e di rosso dando vita a un paesaggio tra il reale e il fantastico.

Tratturo CELANO-FOGGIA – È il tratturo più interno. Con i suoi 208 km segue il versante adriatico dell'Appennino tra vallate e altipiani.

Tratturo PESCASSEROLI-CANDELA – 221 km di paradiso per chi ama la biodiversità. Si va dal parco Nazionale d'Abruzzo, casa di grandi mammiferi dell'Appennino come lupi, cervi, orsi bruni e camosci, alla valle del Sangro sul versante adriatico.

Tratturo CASTEL DI SANGRO-LUCERA – Si snoda lungo 127 km, è il più breve e tra i meglio conservati. Dal confine tra Abruzzo e Molise si arriva al Tavoliere delle Puglie, compiendo tutto il tragitto nell'area appenninica più interna.

Non resta dunque che sceglierne uno e avventurarsi sulle orme dei pastori antichi e delle pastore moderne, sperando di imbattersi, per un colpo di fortuna, in una

beredte Wanderwege und interessante Treckingstrecken. Hier findet man große Artenvielfalt und sie führen durch kleine Dörfer, wo die bäuerliche Tradition in Teilen noch intakt ist.

Ein Beispiel sind die «Königstriften», ein ungefähr 3 100 km langes Wegenetz, das sich hauptsächlich zwischen Abruzzen, Molise, Umbrien, Basilikata, Kampanien und Apulien erstreckt (es gibt jedoch fast in allen Regionen solche Wege):

Tratturo Magno (Große Trift), L'AQUILA-FOGGIA – Mit ihren 244 km ist das die vielleicht wichtigste und spektakulärste Trift. Sie beginnt bei den Felsmassiven des Gran Sasso, berührt mehrmals die adriatische Küste und endet bei den enormen Weiden des Tavoliere delle Puglie.

Tratturo CENTURELLE-MONTESECCO – Empfehlenswert für alle, die Farben lieben. 155 km lang, durchquert diese Trift den Safranweg von Navelli, der sich während der Blütezeit im Herbst violett und rot färbt, was diese Landschaft halb fantastisch, halb real erscheinen lässt.

Tratturo CELANO-FOGGIA – Diese Trift verläuft mehr im Landesinnern. Auf 208 km folgt sie der adriatischen Seite des Apennin zwischen Täler und Hochebenen.

Tratturo PESCASSEROLI-CANDELA – 221 Kilometer Paradies für alle, die die Artenvielfalt lieben. Man wandert vom Abruzzen-Nationalpark, wo große Säugetiere wie Wolf, Hirsch, Braunbär und Gämse daheim sind, bis zum Sangrotal auf dem Adria-Hang.

Tratturo CASTEL DI SANGRO-LUCERA – Diese Trift erstreckt sich über 127 Kilometer. Sie ist die kürzeste und eine der am besten erhaltenen. Man startet an der Grenze zwischen Abruzzen und Molise und erreicht den Tavoliere delle Puglie. Der ganze Weg liegt im innersten Apennin.

Bleibt also nur noch, eine Trift auszuwählen und sich auf den Spuren der ehemaligen Hirten und neuen Hirtinnen ins Abenteuer zu stürzen, in der Hoffnung, auf eine von ihnen zu

di loro. Sono donne speciali, amanti degli animali e della natura. E soprattutto ... della libertà.

CoCo e le donne pastore

«C'era una volta una dolcissima pecorella dal manto soffice e vaporoso come una nuvola. Era diversa da tutte le altre perché non era bianca bensì sembrava essere stata spennellata con tanti colori. Si chiamava CoCo, Co per i colori e Co per il coraggio di cui era enormemente dotata.»

Ancora oggi dentro di me risuona la voce di mia nonna che, piena d'amore e tenerezza, mi racconta la storia di questa pecorella speciale, che non aveva paura di niente, «era coraggiosa proprio come te» diceva, una bestiolina che una volta era riuscita perfino a far scappare il lupo salvando così tutte le sue compagne. Io ascoltavo e amavo la pecorella colorata. Una volta una zia mi regalò una pecorella di peluche candida e morbidissima che avrebbe fatto innamorare tutti i bambini. No, io non mi innamorai. La presi con l'aria imbronciata e sparii nella mia cameretta. Quando ne uscimmo eravamo tutte e due colorate e impiastricciate. Ero felice e orgogliosissima, mi ero fatta la mia CoCo e io stessa ero diventata un po' come lei: la mostrai a tutti e non me ne separai più. L'intrepida pecorella multicolore è diventata una figura che mi ha accompagnato nel tempo, dandomi un morsetto all'orecchio per attirare la mia attenzione o, quando qualcosa mi angustiava, per infondermi coraggio. Non il coraggio degli eroi che uccidono i draghi, ma un sentimento tiepido e costante, un modo per accettare la vita, abbracciarla ed esserne abbracciati.

stoßen. Es sind außergewöhnliche Frauen, denen die Natur und die Tiere am Herzen liegen. Und die Freiheit.

CoCo und die Hirtinnen

«Es war einmal ein ganz süßes Lämmchen, das hatte ein Fell so weich und luftig wie eine Wolke. Es unterschied sich von allen anderen, weil es nicht weiß war, sondern aussah wie mit ganz vielen Farben angepinselt. Es hieß CoCo, Co für die Farben (Colori) und Co für den Mut (Coraggio), mit dem es in außergewöhnlicher Weise ausgestattet war.»

Noch heute hallt in mir die Stimme meiner Großmutter nach, die mir voller Liebe und Zärtlichkeit die Geschichte dieses speziellen Lämmchens erzählte, das vor gar nichts Angst hatte. «Genau wie du», sagte sie. Es ging um ein Tierchen, dem es einmal sogar gelungen war, den Wolf zu verjagen und so alle seine Gefährten zu retten. Ich hörte zu und liebte das farbige Lämmchen. Einmal schenkte mir eine Tante ein Lämmchen aus weißem, kuschelweichem Plüsch, in das sich alle Kinder verliebt hätten. Doch nein, ich verliebte mich nicht. Ich nahm es schmollend entgegen und verschwand in mein Zimmer. Als wir wieder herauskamen, waren wir beide farbverschmiert. Ich war glücklich und überaus stolz, ich hatte mir meine CoCo gemacht und war selber auch ein bisschen wie sie geworden. Ich zeigte sie allen und trennte mich nicht mehr von ihr. Das furchtlose bunte Lämmchen hat mich symbolisch durch die Zeiten begleitet, und wenn ich Angst hatte oder mich etwas bedrückte, hat es mich sanft ins Ohr gebissen, um mich zu warnen oder mir Mut zu machen. Nicht den Mut der Helden, die Drachen töten, aber ein angenehmes und verlässliches Gefühl, das mich befähigte, das Leben zu akzeptieren, es mit offenen Armen zu empfangen und mich von ihm umarmen zu lassen.

Il tempo è passato e arriva il giorno in cui mi metto a lavorare a questo libro. Sto scegliendo i temi, ma sono distratta, vago sul mio profilo facebook, ho la testa stranita, sento un fastidio all'orecchio sinistro, come se qualcuno me lo tirasse, o meglio, me lo mordesse. Mi viene allora il dubbio che ci sia lo zampino di CoCo, o forse il suo musetto e, mentre penso a lei, alla mia pecorella variopinta, mi imbatto in un filmato: un asino carico di due bisacce da cui spuntano quattro agnellini che incuriositi guardano il mondo a loro ancora sconosciuto. È un'intervista a una donna che ha deciso di lasciare la sua vita di città, le otto ore di lavoro, i tacchi e i cinema per dedicarsi alla pastorizia. L'autrice è Anna Kauber, paesaggista e regista, che ha deciso di intraprendere un viaggio decisamente particolare alla ricerca delle donne pastore italiane: vuole conoscerle, filmare la loro vita e dare voce alla loro esperienza. L'obiettivo è fare di queste interviste un documentario e per finanziare l'impresa ha lanciato una raccolta di fondi.

L'idea mi entusiasma, penso a CoCo che ha attirato la mia attenzione sul tema, ho l'impressione che questa volta tocchi a me darle qualcosa in cambio per il sostegno che da sempre mi offre, credo che voglia partecipare a un'avventura che celebri lei come simbolo di morbido coraggio.

Glielo devo. Ecco dunque uno dei temi del mio libro bello e pronto.

Entusiasta, contatto Anna Kauber, la simpatia è immediata, le parlo del mio progetto, si dichiara subito disponibile. Decidiamo di risentirci non appena inizierò a scrivere. Nel frattempo nasce *In questo mondo*, questo il titolo del documentario – al cui montaggio ha lavorato la famosissima Esmeralda Calabria – e si fa strada vin-

Zeit ist vergangen und es kommt der Tag, an dem ich mich an dieses Buch mache. Ich bin dabei, die Themen auszuwählen, aber ich bin zerstreut, surfe auf Facebook, habe ein dumpfes Hirn und spüre etwas Störendes am linken Ohr, wie wenn jemand daran ziehen würde, oder besser, daran knabberte. Da beschleicht mich so eine Ahnung, dass es das Füßchen von CoCo sein könnte, oder vielleicht ihre Schnauze, und während ich an mein farbiges Lämmchen denke, stoße ich auf ein Video: ein Esel, beladen mit zwei Taschen, aus denen vier Lämmchen hervorgucken und neugierig die ihnen noch unbekannte Welt betrachten. Es ist ein Interview mit einer Frau, die sich dafür entschieden hat, ihr Leben in der Stadt aufzugeben, den Acht-Stunden-Arbeitstag, Stöckelschuhe und Kino, um sich der Schäferei zu widmen. Die Autorin ist die oben erwähnte Anna Kauber, die beschlossen hat, sich auf eine ganz besondere Reise zu begeben und die italienischen Hirtinnen aufzusuchen. Sie möchte sie kennenlernen, ihr Leben filmisch festhalten und ihren Erfahrungen eine Stimme geben. Ihre Absicht ist, aus diesen Interviews einen Dokumentarfilm zu machen, und um dieses Unterfangen zu finanzieren, hat sie ein Crowdfunding eingerichtet.

Diese Idee begeistert mich, ich denke an CoCo, die meine Aufmerksamkeit auf dieses Thema gelenkt hat. Ich habe den Eindruck, dass es einmal an mir wäre, ihr etwas zurückzugeben für die Unterstützung, die sie mir immer anbietet. Ich glaube, dass sie gerne bei einem Abenteuer dabei wäre, das sie als Symbol für sanften Mut feiert.

Das schulde ich ihr. Da habe ich ja auf einmal eins der Themen für mein Buch.

Voller Begeisterung kontaktiere ich Anna Kauber, wir sind uns sofort sympathisch. Ich erzähle ihr von meinem Projekt und sie stellt sich ohne Umschweife zur Verfügung. Wir beschließen, uns wieder in Verbindung zu setzen, sobald ich zu schreiben anfange. Unterdessen entsteht ihr Dokumentarfilm *In questo mondo*[2], setzt sich durch und gewinnt einen Preis nach dem anderen. Geschnitten

cendo un premio dopo l'altro. È «Miglior documentario italiano» al 36° Torino Film Festival, «Miglior documentario italiano dell'anno» all'ExtraDocFestival 2019 di Cinema al MAXXI di Roma, si conquista il Premio Roberto Gavioli 2018 e il Premio Speciale al 67° Trento Film Festival.

E ora, felice che Anna e le sue pastore ce l'abbiano fatta, eccomi qui con lei davanti alla sua Panda gialla a metano da cui tutto è cominciato. Incredibile a dirsi, vedo anche CoCo con noi che saltella allegra nel prato. Occhi curiosi e attenti, sorriso simpatico e aperto incorniciato da capelli sbarazzini e brizzolati, nella sua semplicità Anna Kauber è una donna di rara bellezza. Studiosa del paesaggio rurale, a un certo punto della sua vita decide di dedicare il suo forte impegno sociale a studiare le donne che si fanno portatrici di un cambiamento, che immettono modi e sostanze nuovi in ciò che esiste, apparentemente immutabile, da sempre. Persone che nel nostro tempo hanno scelto una vita diversa da quella della città, animata dalle luci artificiali e dal riconoscimento sociale, una vita forse difficile e quasi massacrante, ma capace di riservare momenti di pienezza. Sono le donne pastore. Ebbene sì, quello che da sempre è stato visto come un lavoro tradizionalmente riservato all'uomo nella società patriarcale è diventato negli ultimi anni un'attività presa in carico anche dalle donne.

Così Anna, animata da grande decisione, riempie all'inverosimile la sua auto, si chiude la porta di casa alle spalle e parte. Girerà l'Italia in lungo e in largo per due anni, percorrerà ben 17 000 km e intervisterà 100 donne. Forse ‹intervistare› non è il termine più appropriato perché Anna, da studiosa del mondo femminile, sa esattamente ciò che non vuole: «Non volevo rapinare storie, ero lì per conoscere e farmi conoscere. Ero una donna sola, non gio-

wurde er übrigens von einer sehr berühmten italienischen Cutterin, Esmeralda Calabria. Beim 36. Filmfestival von Turin ist er «Bester italienischer Dokumentarfilm», beim ExtraDocFestival 2019 des Kinos im MAXXI[3] in Rom ist er «Bester italienischer Dokumentarfilm des Jahres», beim 67. Trento-Filmfestival erobert er 2018 den Roberto-Gavioli-Preis und den Spezialpreis.

Glücklich, dass Anna und ihre Hirtinnen es geschafft haben, stehe ich nun mit ihr hier, vor ihrem gelben, gasbetriebenen Panda, mit dem alles angefangen hat. Ich wage es kaum auszusprechen, aber da ist auch CoCo und springt fröhlich auf der Wiese herum. Anna Kauber ist eine Frau von seltener Schönheit. Sie ist unkompliziert, hat neugierige und aufmerksame Augen, ein sympathisches, offenes Lachen und burschikose, graumelierte Haare. Irgendwann hat die studierte Landschaftsarchitektin beschlossen, sich mit dem ihr eigenen starken sozialen Engagement dem Studium von Frauen zu widmen, welche Türen aufstoßen für Veränderungen und neue Herangehensweisen an Dinge, die seit jeher scheinbar unveränderlich bestanden haben. Es sind Zeitgenossinnen, die ein anderes Leben gewählt haben als das in der Stadt mit Straßenbeleuchtung und sozialer Anerkennung. Sie haben sich für ein Leben entschieden, das vielleicht schwieriger und beschwerlicher ist, aber dafür ein ganzheitliches ist. Es geht um Hirtinnen. Ja, was in der patriarchalen Gesellschaft schon immer als traditionell den Männern vorbehaltene Arbeit gegolten hat, ist in den letzten Jahren zu einer Beschäftigung geworden, die zunehmend auch Frauen übernehmen.

Beflügelt von ihrem großen Vorhaben, packt Anna ihr Auto bis obenhin voll, schließt die Wohnungstür ab und fährt los. Zwei Jahre lang bereist sie Italien, legt 17 000 km zurück und interviewt 100 Frauen. ‹Interviewen› ist wahrscheinlich nicht der richtige Ausdruck, denn Anna, Erforscherin der weiblichen Welt, weiß genau, was sie nicht will: «Ich wollte nicht Geschichten zusammenstehlen, ich war dort, um Erkenntnisse zu sammeln und um erkannt zu werden. Ich war eine alleinstehende Frau, nicht mehr

vane, mi hanno accolta come preservatrice delle loro narrazioni », mi racconta. Rimane qualche giorno con ognuna di loro, cerca la condivisione, la relazione e per quello va a incontrarle da sola, senza troupe, e quando le pastore dicono, « Non so cosa raccontarle », lei suggerisce di andare al pascolo perché lì « il racconto verrà da solo ».

Andare al pascolo non è fare una passeggiata. No, andare al pascolo vuol dire che decidono le pecore e bisogna solo seguirle. « È stato molto impegnativo anche per il mio fisico, le pastore sono abituate, hanno le gambe buone e quando il gregge decide di salire va, e la pastora segue e l'Anna anche, arrancando con la videocamera e non vedendo dove mette i piedi ». La carta vincente di Anna è stata proprio la sua maniera rispettosa di proporsi a chi si trova davanti che ha permesso a ben 100 pastore, dai 20 ai 102 anni, di trovare la voglia di aprirsi, di confidarsi, di raccontare. Si ferma da loro un po', le filma dalla mattina alle 5, quando si alzano, fino alla sera tardi. Anche il verbo ‹ fermarsi › non è il termine giusto, perché Anna non si ferma a prendere un tè, ma le segue avanti e indietro con la telecamera, nella stalla, negli alpeggi, durante la transumanza in montagna o nelle valli, nei momenti di quiete in cui le pecore brucano e anche lei si siede sul prato accanto alla pastora. È allora che ha luogo il miracolo: un confondersi di anime, comprensione e comunanza. Che Anna e le pastore siano donne diverse è chiaro a noi e a loro ma lì, dove l'aria è così pulita che tutto diventa più nitido, appare nitidamente in luce anche ciò che le accomuna, il loro amore per la natura, per il paesaggio e la vita, tutto femminile. « Credo che queste donne completamente diverse da me abbiano colto, al di là delle nostre differenze, la gioia della condivisione e l'abbiano subito restituita. Abbiamo instaurato una relazione importante e fiduciosa, allegra e triste, comunque sempre vera. È que-

jung, sie haben mich aufgenommen wie eine Bewahrerin dessen, was sie mir anvertrauen.» Sie bleibt bei jeder von ihnen ein paar Tage, sucht das Miteinander, die Beziehung. Deshalb ist sie alleine unterwegs, ohne Crew, und wenn die Hirtinnen sagen: «Ich weiß nicht, was ich Ihnen erzählen soll», schlägt sie vor, auf die Weide zu gehen, weil dort «das Erzählen von selbst kommt».

Der Weidegang ist kein Spaziergang. Nein, weiden bedeutet, dass die Tiere den Weg vorgeben und man ihnen folgen muss. «Es war für mich auch physisch sehr anstrengend. Die Hirtinnen sind das gewohnt, sie haben gute Beine, und wenn die Herde höher hinauf will, macht sie das und die Hirtin folgt und auch die Anna, die sich mit der Kamera abschleppt und nicht sieht, wohin sie tritt.» Annas Trumpf ist gerade ihre respektvolle Art gegenüber den Menschen, die sie vor sich hat, was gut 100 Schäferinnen zwischen 20 und 105 Jahren ermutigte, sich zu öffnen, sich anzuvertrauen, zu erzählen. Sie macht einige Zeit Halt bei ihnen, filmt sie von morgens 5 Uhr, wenn sie aufstehen, bis spät in den Abend. Auch «Halt machen» ist nicht der richtige Ausdruck, weil Anna nicht Halt macht, um eine Tasse Tee zu trinken, sondern ihnen mit der Kamera überallhin folgt, in den Stall, auf die Alpweiden, während der Wanderzeit in die Berge oder in die Täler, in den Ruhepausen, wenn die Schafe äsen und auch sie sich auf der Wiese neben der Schäferin niederlässt. Und so kann das Wunder sich ereignen: ein Amalgam von Seelenverwandtschaft, Verständnis und Gemeinschaft. Dass Anna und die Hirtinnen unterschiedliche Frauen sind, ist uns und ihnen klar, aber dort, wo die Luft so sauber ist, dass alles klarer erscheint, kommt auch das deutlich ans Licht, was sie verbindet, ihre ausgeprägt weibliche Liebe zu Natur, Landschaft und Leben. «Ich glaube, dass diese Frauen, die ganz anders sind als ich, jenseits unserer Unterschiede die Freude über den gegenseitigen Austausch gespürt und spontan zurückgegeben haben. Wir haben wichtige und vertrauensvolle Beziehungen aufgebaut, fröhliche und traurige, aber immer aufrichtige. Das

sta la cosa più sorprendente», dice Anna e mentre parla vedo nei suoi occhi un velo di commozione.

Oggi andiamo insieme a intervistare Elena, una pastora di 24 anni. Stiamo per salire in macchina quando, con mia grande sorpresa, noto che CoCo è già seduta sul sedile posteriore con un'aria, si vede dal musetto, felice e soddisfatta. Sono turbata. L'atteggiamento sicuro di CoCo tradisce una strana familiarità con la macchina di Anna. È possibile, mi chiedo, che CoCo abbia qualcosa a che fare con l'avventura di Anna? Però CoCo è mia, fa parte della mia storia, è a me che ha dato coraggio tutta la vita … Quindi? Vuoi dirmi che accompagna anche altre persone senza che loro se ne accorgano? E … soprattutto senza che io lo sappia?

Con queste domande salgo anche io, Anna mi distrae dai miei sospetti raccontandomi delle donne che ha incontrato. Ha avuto bisogno di un anno di preparazione per trovare le pastore da intervistare e il fatto di aver via via postato su facebook i video, ha scatenato un tam tam mediatico che l'ha aiutata nella ricerca. E proprio *In questo mondo* la regista incontra donne istruite, addirittura con due lauree, delle giovanissime molto intraprendenti e delle figure quasi mitologiche di centenarie, tutte diventate protagoniste di una tradizione in cui donna, terra e animali sono un tutt'uno. C'è per esempio Caterina di Cortina, un'ex violinista per cui la carriera era un peso e che ora è felice di suonare quando vuole per un pubblico di pecore. C'è Anne Line, la teologa norvegese, che arrivata in Italia si è innamorata della bellezza della natura del nostro paese al punto da fermarsi in Umbria e diventare pastora. E poi Maria in Basilicata, obbligata dai genitori a lavorare in fabbrica, che solo alla morte del padre ha potuto realizzare il suo sogno. O Gabriella e la sorella che, licenziate dal call center, hanno deciso

ist das, was am überraschendsten war», sagt Anna, und während sie spricht, trübt sich ihr Blick vor lauter Rührung.

Heute wollen wir zusammen Elena interviewen, eine 24-jährige Ziegenhirtin. Wir wollen gerade ins Auto steigen, als ich zu meiner großen Überraschung bemerke, dass CoCo bereits hinten drinsitzt, glücklich und zufrieden, wie ich an ihrem Schnäuzchen ablesen kann. Ich bin verwirrt. Das selbstsichere Verhalten CoCos lässt auf eine merkwürdige Vertrautheit mit Annas Auto schließen. Ist es denn möglich, frage ich mich, dass CoCo irgendwas zu tun hat mit Annas Abenteuer? Denn CoCo gehört doch mir, ist Teil meiner Geschichte, ich bin es, der sie lebenslang Mut zugesprochen hat … Also was? Soll das heißen, dass sie auch andere Menschen begleitet, ohne dass diese es bemerken? Und … vor allem, ohne dass ich es bemerke?

Mit diesen Fragen steige auch ich ein, Anna lenkt mich von meinem Verdacht ab, indem sie mir von den Frauen erzählt, die sie getroffen hat. Sie brauchte ein Jahr Vorbereitung, um herauszufinden, welche Hirtinnen sie interviewen wollte, und die Tatsache, dass sie die Videos fortlaufend auf Facebook gepostet hat, hat ein Medien-Tamtam losgetreten, das ihr bei der Suche geholfen hat. In *In questo mondo* trifft die Regisseurin auf gebildete Frauen, sogar solche mit zwei Abschlüssen, aber auch auf ganz junge voller Unternehmergeist, bis hin zu den fast mythologischen Hundertjährigen, Protagonistinnen einer Tradition, in der Frau, Erde und Tier ein einziges Ganzes sind. Zum Beispiel Caterina di Cortina, eine Ex-Geigerin, für welche die Karriere eine Last war und die jetzt glücklich ist, wenn sie für die Schafe spielen kann, falls ihr danach ist. Oder Anne Line, die norwegische Theologin, die sich in Italien in die Schönheit der Natur verliebte, sodass sie sich in Umbrien niedergelassen hat und Hirtin geworden ist. Und dann Maria in der Basilikata, die von den Eltern dazu verdonnert worden war, in der Fabrik zu arbeiten, und die erst nach dem Tod des Vaters ihren Traum verwirklichen konnte. Oder Gabriella und ihre Schwester, die beschlossen, den Beruf des Großvaters in der

di riprendere l'attività del nonno in Toscana. E ancora, c'è Elena in Piemonte, la pastora che stiamo andando a incontrare. La storia di ogni donna è diversa ma tutte hanno una cosa in comune: non lascerebbero più le montagne, gli animali, l'aria cristallina e la libertà che hanno trovato.

Tra una pastora e l'altra ci sono chilometri e chilometri di distanza, Anna si muove seguendo i crinali degli Appennini, spostandosi, in base alle stagioni, più in quota o più a valle sulle orme delle greggi. Va a cercare le pastore ‹pure›, le nomadi che vivono in un camper al seguito dei loro animali, i quali si nutrono solo di pascolo libero, tanto come quelle più stanziali che hanno le stalle, danno agli animali il fieno e si dedicano alla produzione del formaggio e della lana. Un punto importante per Anna è che si tratti di donne che hanno sentito una sorta di vocazione alla pastorizia, che non sia un'attività ereditata, ma soltanto loro.

Siamo partite. Mentre guida Anna mi racconta, io intanto mi giro a vedere se CoCo è con noi. Eccola là beata che continua a sorridere guardando fuori dal finestrino. Mi convinco sempre di più che tutti quei chilometri che Anna mi dice di aver fatto da sola, in realtà li ha fatti in compagnia. Ne ho quasi la certezza ora, mi sembra di vederla CoCo seduta lì, pecorella protettiva e avventurosa farsi spazio tra scarpe da ginnastica, scarponcini da trekking, felpe, giubbotti, giacche a vento, vestiti comodi e pratici per ogni evenienza, computer, cavalletto per la telecamera, hard disk esterni, insomma tutto l'armamentario che Anna portava con sé.

«Tutti i viaggi tra un incontro e l'altro sono stati stupendi, un po' malinconici perché mi ero appena accomiatata da queste donne con cui ero vissuta alcuni giorni e a cui mi ero affezionata … lasciavo un luogo, un'intesa

Toskana wieder aufzunehmen, nachdem ihnen im Call Center gekündigt worden war. Und dann gibt es da Elena im Piemont, die Ziegenhirtin, zu der wir gerade unterwegs sind. Die Geschichte jeder Frau ist anders, aber alle haben eines gemeinsam: Sie würden nie mehr verzichten wollen auf die Berge, die Tiere, die kristallklare Luft und die Freiheit, die sie gefunden haben.

Zwischen den einzelnen Hirtinnen liegen viele Kilometer. Anna folgt den Gebirgskämmen des Apennin, je nach Jahreszeit mehr in der Höhe oder eher talwärts, immer auf den Spuren der Herden. Sie macht sich auf die Suche nach den ‹echten› Hirtinnen, den Nomadinnen, die in einem Camper ihren Tieren folgen, welche sich nur auf Freilandweiden ernähren, aber ebenso nach den Sesshafteren, die Ställe haben, den Tieren Heu geben und sich der Käse- und Wollproduktion widmen. Ein wichtiger Aspekt ist für Anna, dass die Frauen eine Art Berufung zur Schäferei oder zur Ziegerei verspürt haben, dass es sich nicht um eine ererbte Tätigkeit handelt, sondern um ihre ganz eigene.

Wir sind losgefahren. Anna erzählt während des Fahrens, ich drehe mich hin und wieder um, um zu sehen, ob CoCo dabei ist. Da ist sie, die Glückliche, die weiterhin grinst und aus dem Autofenster schaut. Ich bin immer mehr davon überzeugt, dass Anna alle diese Kilometer, die sie angeblich allein zurückgelegt hat, in Wirklichkeit in Gesellschaft war. Ich bin mir so gut wie sicher, ich sehe sie vor mir. Wie das abenteuerlustige Beschützer-Lämmchen CoCo sich einen Platz sucht zwischen Turnschuhen, Treckingschuhen, Fleecejacke, Anorak, Windjacke, bequemen und praktischen Klamotten für jede Gelegenheit, Computer, Kamerastativ, externen Festplatten – kurzum, zwischen der ganzen Ausrüstung, die Anna mit sich führt.

«Alle Reisen von einem Treffen zum anderen sind wunderbar gewesen, ein wenig melancholisch, weil ich mich erst gerade verabschiedet hatte von den Frauen, mit denen ich einige Tage verbracht hatte und die ich ins Herz geschlossen hatte … ich

di anime … ma poi veniva finalmente un silenzio mio, interiore. Dalle pastore ero per tutto il tempo proiettata verso gli altri, recepivo in continuazione, ma non avevo mai un momento di riflessione, di elaborazione di tutte quelle emozioni. Quindi nei trasferimenti lunghi potevo riappropriarmi di me stessa e della ‹mondanità›. Magari prendevo il traghetto dalla Sicilia alla Calabria o guidavo su e giù per gli Appennini, cercando un distributore di metano … un'avventura nell'avventura! » Anna ride e si interrompe, mi sembra che CoCo annuisca, non deve essere stato facile trovare distributori di metano in Calabria o sugli Appennini. « In tutti quei chilometri ho fatto il pieno di benzina solo 5 volte. Io da ecologista volevo essere coerente, era un modo per risparmiare e cercare di essere più verde possibile. Ho voluto fare un viaggio slow, recupero della misura di un tempo congeniale che è quello della natura e quello più adeguato anche all'umanità. Il tempo me lo prendevo con le pastore e con me stessa. »

Le dico che secondo me è stata coraggiosa, Anna non capisce perché, ha sempre avuto la sensazione di fare una cosa del tutto normale e, mentre mi dice questo, vedo che si tocca l'orecchio sinistro. Tutto chiaro: è CoCo che non è d'accordo e le ha dato un piccolo morso all'orecchio, proprio come fa con me. Mi descrive i momenti di estasi provati attraversando il parco del Pollino scendendo verso la Calabria fino al parco della Sila. Era ottobre, era fresco, stava già finendo la stagione, il manto della montagna si colorava di sfumature, dal verde spento al marrone chiaro, al dorato, l'aria era trasparente, una luminosità potente irradiava i colori che si stagliavano nitidi. A un certo punto sono arrivati dei cavalli, li ha ripresi mentre la oltrepassavano e proseguivano lasciandola senza parole. Parlando Anna lascia il volante, dice, « venivano da destra » e alza le braccia a destra, « e

verließ einen Ort, eine Seelenverwandte … aber dann kam ich schließlich innerlich zur Ruhe. Bei den Hirtinnen war meine Aufmerksamkeit die ganze Zeit auf andere gerichtet, ich nahm dauernd auf, aber hatte keinen Moment, wo ich nachdenken, alle diese Emotionen verarbeiten konnte. Während der langen Ortswechsel konnte ich mich dann wieder auf mich besinnen und auf die äußere Welt. Auf der Suche nach einer Gastankstelle nahm ich einmal sogar die Fähre von Sizilien nach Kalabrien oder fuhr den Apennin rauf und runter … ein Abenteuer im Abenteuer! » Anna lacht und macht eine Pause, CoCo scheint mir beifällig zu nicken, es dürfte nicht leicht gewesen sein, in Kalabrien und im Apennin Gastankstellen zu finden. « Während all dieser Kilometer habe ich nur fünfmal Benzin getankt. Ich als Umweltschützerin wollte konsequent sein, so konnte ich sparen und so grün wie möglich leben. Ich wollte eine entschleunigte Reise machen, angepasst an das Zeitmaß der Natur, das auch für die Menschheit angebrachter ist. Zeit ohne Maß nahm ich mir für die Hirtinnen und für mich selbst. »

Ich sage ihr, dass sie meiner Meinung nach mutig gewesen ist. Anna versteht nicht, warum, sie hatte immer das Gefühl, etwas ganz Normales zu machen. Während sie mir das sagt, sehe ich, wie sie an ihr linkes Ohrläppchen greift. Alles klar: Das ist CoCo, die nicht einverstanden ist und sie leicht ins Ohr gebissen hat, genau wie sie es mit mir macht. Anna beschreibt die Glücksgefühle, die sie empfunden hat, als sie den Nationalpark Pollino durchquert hat und nach Kalabrien hinuntergefahren ist bis zum Nationalpark Sila. Es war Oktober, es war frisch, die Saison ging zu Ende, die Bergvegetation verfärbte sich zu blassem Grün und hellem Braun, zu Gold. Die Luft wurde transparent, das helle Licht verstärkte die Farben, die sich deutlich abhoben. An einer Stelle erschienen Pferde, Anna filmte sie, als sie an ihr vorbei und weiter ihres Weges liefen und sie sprachlos zurückließen. Während des Sprechens lässt sie das Steuerrad los, sagt « sie kamen von rechts » und hebt beide

poi andavano a sinistra», e rialza le braccia, ma stavolta verso sinistra ... E ancor prima che mi scatti l'ansia, ecco intervenire CoCo che, con un movimento molto felino (non me lo sarei mai aspettato da lei) piomba sul volante e lo immobilizza. Come risucchiato tra la lana colorata, il volante scompare e, appena Anna lo riafferra, CoCo se ne ritorna con un balzo sul sedile. Basta, non ho più alcun dubbio, questo è un duo fin troppo affiatato, è chiaro che CoCo è stata con lei per tutto il corso dell'avventura con le pastore anche se Anna non se n'è mai resa conto. Sicuramente l'ha sostenuta quando, cercando di raggiungere una pastora in un luogo sperduto, si è persa nel buio in Aspromonte dove non prendeva né il gps né il cellulare. «Io avrei avuto davvero paura», le confido, ma Anna ride dicendo, «Io non ne avevo neanche un po', ero soltanto arrabbiatissima perché andava tutto storto. Ho un pessimo rapporto con gli imprevisti!» E mentre parla immagino CoCo che anima la macchina con i suoi colori e il suo coraggio perché Anna rimanesse lucida per affrontare la situazione.

Bene, stiamo arrivando da Elena, ma prima ho ancora una curiosità.

Cosa ha la pastorizia femminile di diverso rispetto a quella maschile?

L'attenzione e il rapporto con l'animale. La donna, grazie all'istinto materno, ha un canale privilegiato. L'idea di preservare la vita a tutti i costi e di renderne migliori le condizioni perché si possa riprodurre, è un incarico meraviglioso che la donna sente su di sé. «Valeria, tieni presente che il gregge è femmina, tutto è legato alla maternità, al parto, all'allattamento, alla mungitura», dicendo queste parole Anna sorride teneramente. Mi spiega inoltre che anche i pastori ammettono che le pastore intuiscono quando la pecora sta per partorire, la sanno seguire

Arme nach rechts, « und dann gingen sie nach links », und hebt die Arme wieder, diesmal nach links ... Und noch bevor ich Angst bekomme, schreitet CoCo ein, lässt sich mit einer katzenhaften Bewegung aufs Steuerrad fallen und hält es fest. Das hätte ich ihr nie zugetraut. Wie von der farbigen Wolle aufgesogen, verschwindet das Steuerrad, und sobald Anna es wieder ergreift, springt CoCo auf ihren Platz zurück. Das reicht, es gibt keinen Zweifel mehr, das ist ein zu gut eingespieltes Duo. Es ist klar, dass CoCo während des ganzen Hirtinnen-Abenteuers bei ihr gewesen ist, auch wenn Anna sich dessen nie bewusst war. Bestimmt hat sie ihr geholfen, wenn sie sich in Aspromonte im Dunkeln verirrt hatte beim Versuch, eine Hirtin an einem abgelegenen Ort zu besuchen. Dort gibt es keinen Handy- und auch keinen GPS-Empfang. « Ich hätte wirklich Angst gehabt », vertraue ich mich ihr an, aber Anna lacht und sagt : « Ich hatte kein bisschen Angst, ich war nur sehr wütend, weil alles falsch lief. Ich komme sehr schlecht klar mit Unvorhergesehenem ! » Während sie spricht, stelle ich mir vor, wie CoCo das Auto mit ihren Farben und ihrer Zuversicht beseelte, sodass Anna wieder klar denken und die Situation in den Griff kriegen konnte.

Gut, jetzt sind wir gleich bei Elena, aber vorher möchte ich noch etwas wissen.

Was ist beim weiblichen Viehhüten anders als beim männlichen?

Die Aufmerksamkeit und der Bezug zum Tier. Die Frau hat dank ihres mütterlichen Instinkts einen privilegierten Zugang. Die Idee, das Leben um jeden Preis zu erhalten und die Bedingungen dafür zu optimieren, damit es sich fortpflanzen kann, ist ein wunderbarer Auftrag, den die Frau in sich selbst empfindet. « Valeria, denk daran, dass die Herde feminin ist, alles hängt zusammen mit der Mutterschaft, dem Gebären, dem Stillen, dem Melken », sagt Anna und lächelt zärtlich. Sie erklärt mir außerdem, dass selbst die Hirten zugeben, dass die Hirtinnen intuitiv wissen, wann ein Tier gebären wird. Sie folgen ihm dann gedul-

con pazienza, le stanno vicino e le loro mani, più piccole di quelle di un uomo, le agevolano se devono intervenire per aiutare gli animali nel parto, senza contare che solo loro hanno l'infinita pazienza di dare il biberon agli agnellini e la costanza di insistere con il piccolo difficile o inappetente.

«Sono debitrice verso queste donne, questi paesaggi, questi animali. Stare immersa tra pecore e capre è stato non solo catartico ma salvifico, è stata come un'iniziazione. Credo che da questo viaggio non ci sia ritorno, è solo un'andata, è stata una parabola di bellezza, di intensità. Mi ha fortemente coinvolto e influenzato, è stata un'esperienza fantastica». Ma la vera bellezza, precisa ancora, era lo stato di grazia e di felicità che l'ha accompagnata ogni giorno, «la gioia ininterrotta, quotidiana e riconfermata ogni mattina di quei due anni, una gioia piena e uno stato di benessere psicofisico, una felicità incredibile a stare sempre in mezzo alle greggi.» Con la coda dell'occhio vedo CoCo con il suo sguardo zuccheroso, tipico di quando qualcosa le va particolarmente a genio.

Allora mi fermo a pensare a queste donne piene di coraggio, forti e fiere, che hanno fatto una scelta totalizzante. Una scelta contemporaneamente di responsabilità e di libertà, immerse nella natura e a contatto con gli animali, facendoli diventare una famiglia su cui teneramente ridere o raccontare aneddoti. Penso ad Anna, anche lei forte ed entusiasta che ha girato per due anni alla ricerca di queste donne … E alla fine mi pare che tutte insieme ci somigliamo, perché forse anche ognuna di loro ha da qualche parte una CoCo che le dà coraggio, che le spinge ad abbracciare la vita per quella che è, ad avventurarsi in sfide a volte pericolose e stremanti, ma soprattutto a essere fedeli a se stesse e ai propri sogni.

dig, sie stehen ihm bei. Ihre Hände, die kleiner sind als die eines Mannes, erleichtern ein Eingreifen während der Geburt. Ganz zu schweigen davon, dass nur sie die unendliche Geduld aufbringen, den Lämmchen oder den Zicklein das Fläschchen zu geben, und nicht nachgeben, auch wenn das Kleine schwierig ist oder keinen Appetit hat.

« Ich verdanke diesen Frauen, diesen Landschaften, diesen Tieren viel. Mitten in diese Schafe und Ziegen abzutauchen war nicht nur kathartisch, sondern auch heilsam, es war wie eine Initiation. Ich glaube, es gibt kein Zurück von dieser Reise, es gibt nur ein Hin. Es war ein Gleichnis von Schönheit, von Intensität. Es hat mich richtig gepackt und geprägt, es war eine fantastische Erfahrung. » Aber das eigentlich Schöne, präzisiert sie noch, war der Zustand von Gnade und Glück, der sie jeden Tag begleitete. « Zwei Jahre lang immer mitten in der Herde zu stehen, diese ununterbrochene Freude, jeden Tag und jeden Morgen neu bestätigt, eine alles erfüllende Freude und seelisches und körperliches Wohlbefinden, ein unglaubliches Glücksgefühl. » Aus dem Augenwinkel sehe ich CoCo mit ihrem zuckersüßen Blick, der typisch ist, wenn ihr etwas besonders behagt.

Das bringt mich dazu, an diese mutigen Frauen zu denken, die stark und stolz eine allumfassende Entscheidung getroffen haben, die Entscheidung für Verantwortung und Freiheit zugleich. Sie haben sich in die Natur eingegliedert und an die Tiere angenähert, sodass eine Familie daraus wird, über die man liebevoll lachen oder Anekdoten erzählen kann. Ich denke an Anna, die auch stark und voller Enthusiasmus ist und zwei Jahre lang herumgereist ist, um diese Frauen zu finden … Und am Ende kommt es mir vor, als ob wir uns alle gleichen, weil vielleicht jede von ihnen irgendwo eine CoCo hat, die ihr beisteht, die sie dazu bringt, das Leben so anzunehmen, wie es ist, und sich an oft gefährliche und mühsame Abenteuer und Herausforderungen zu wagen, sie vor allem aber dazu bringt, sich selbst und ihren eigenen Träumen treu zu bleiben.

Intervista alla pastora Elena Rodigari

Ed eccoci qui, a Traversella, in provincia di Torino, in mezzo ai prati e circondate da caprette che tra un filo d'erba e l'altro cercano di mangiare i miei pantaloni. Ecco Elena, che ci viene incontro sorridente. Mi colpisce perché è molto giovane e perché passo passo è seguita da un suo assistente molto speciale, tutto nero. Si vede subito che il suo cane Brick ha una personalità spiccata, ma è quello che ci vuole per fare il capobranco e per farsi ubbidire da quelle birbe ostinate ed eccentriche.

Quanti anni hai, Elena?
24, quando ho iniziato ne avevo 18.

Mi racconti la tua storia?
Mia nonna ha sempre avuto delle capre, 5 o 6, le teneva per hobby. Io da piccola trascorrevo moltissimo tempo con lei e da lei passavo le mie giornate all'aperto, nella natura con questi animali. Ho sempre desiderato, una volta cresciuta, avere delle caprette.

Già allora pensavi di diventare pastora?
No, no, pensavo anch'io di tenerle per hobby, questa idea è maturata con il tempo. Ho studiato per 5 anni ragioneria e all'inizio avevo intenzione di cercare un lavoro in banca o in un ufficio. Poi quando è stato il momento ho capito che non sarei mai riuscita a lavorare otto ore in un ufficio e quindi il giorno stesso della maturità, ho preparato le valigie e mi sono trasferita da mia nonna. Ho iniziato subito a lavorare e a progettare il mio futuro. Con il tempo ho deciso di aumentare il numero dei capi e ho iniziato a produrre formaggio.

Interview mit der Hirtin Elena Rodigari

Und jetzt sind wir also hier, in Traversella in der Provinz Turin, mitten auf den Wiesen und umgeben von Zicklein, die zwischen dem einen und anderen Grashalm versuchen, meine Hosen anzuknabbern. Da ist Elena, die uns lachend entgegenkommt. Ich bin überrascht, weil sie sehr jung ist und weil ihr Schritt für Schritt ihr sehr spezieller Assistent folgt. Er ist ganz schwarz. Es ist sofort klar, dass der Hund Brick eine ausgeprägte Persönlichkeit hat, aber genau das braucht es für einen Leithund und um sich diese eigenwilligen und exzentrischen Schlingel gefügig zu machen.

Wie alt bist du, Elena?
24, als ich anfing, war ich 18.

Erzählst du mir deine Geschichte?
Meine Großmutter hatte immer Ziegen, fünf oder sechs, das war ihr Hobby. Als kleines Mädchen verbrachte ich sehr viel Zeit mit ihr, und bei ihr war ich den ganzen Tag mit den Tieren in der freien Natur. Ich hatte mir immer gewünscht, einmal Ziegen zu haben, wenn ich groß bin.

Hast du schon damals daran gedacht, Hirtin zu werden?
Nein, nein, auch ich wollte sie nur als Hobby haben, diese Idee ist mit der Zeit gereift. Ich habe fünf Jahre lang Buchhaltung gelernt und hatte anfangs die Absicht, bei einer Bank oder in einem Büro Arbeit zu suchen. Als es dann so weit war, habe ich begriffen, dass ich nie acht Stunden in einem Büro arbeiten könnte, und deshalb habe ich schon am Tag des Abschlusses meine Koffer gepackt und bin zu meiner Großmutter gezogen. Ich fing sofort an mitzuarbeiten und meine Zukunft zu planen. Mit der Zeit beschloss ich, die Anzahl der Tiere zu erhöhen, und begann mit der Käseherstellung.

Dopo due o tre anni mi sono proprio appassionata di formaggi e oggi mi diverto a sperimentare e a creare prodotti nuovi.

Cosa hanno detto i tuoi genitori e tua nonna? Erano d'accordo con questa scelta?
Io ho una testa molto dura, proprio come mia nonna, quindi quando i mei genitori mi consigliavano di trovarmi un posto sicuro io ho comunque inseguito il mio sogno. Quando da piccola dicevo che volevo avere degli animali mia mamma si arrabbiava sempre, ora che sono cresciuta e ho fatto le mie scelte si è arresa, ma non del tutto. Anche ora, per esempio, che sono incinta, mi dice, «Se avessi avuto un altro lavoro adesso avresti la maternità pagata ...» Mia nonna era da una parte contenta e dall'altra preoccupata per il guadagno che sapeva difficile.

Come trascorri le tue giornate?
Le giornate cambiano in base alla stagione. Ora, che è abbastanza tranquillo, mi alzo tardi, verso le 7, vado in stalla e do da mangiare alle capre, pulisco e poi più tardi vado al pascolo con le pecore per almeno tre ore. Ritorno a casa verso le 19.

Tra tre settimane iniziano i parti invece e diventerà più impegnativo, mi ritroverò con 40/50 capretti da curare, a cui dare il latte e tutte le capre da mungere. Ho comprato una mungitrice meccanica l'anno scorso ma, nonostante ciò, quest'anno sarà più complicato perché sarò al settimo mese e quindi il medico mi ha messa in guardia dalle eventuali malattie che potrei contrarre. Dovrò aiutarle a partorire con guanti, camice, calzari.

Nach zwei oder drei Jahren war ich ein richtiger Käsefan und heute macht es mir Spaß, zu experimentieren und neue Produkte zu erfinden.

Was haben deine Eltern und deine Großmutter gesagt? Waren sie mit deiner Wahl einverstanden?

Ich bin ein richtiger Sturkopf, genau wie meine Großmutter. Darum habe ich, als meine Eltern mir geraten haben, einen sicheren Posten zu suchen, meinen Traum trotzdem weiterverfolgt. Als ich klein war, hat sich meine Mutter immer aufgeregt, wenn ich sagte, dass ich gerne Tiere möchte, jetzt, wo ich erwachsen bin, hat sie es aufgegeben, aber nicht ganz. Auch jetzt, wo ich schwanger bin, sagt sie: « Wenn du einen anderen Beruf hättest, würden sie dir den Mutterschaftsurlaub bezahlen … » Meine Großmutter war einerseits glücklich, aber andererseits besorgt wegen des Verdienstes. Sie wusste, dass das schwierig war.

Wie verbringst du deine Tage?

Der Tagesablauf ist je nach Jahreszeit verschieden. Jetzt ist es ziemlich ruhig, ich stehe spät auf, so gegen sieben, gehe in den Stall und gebe den Ziegen zu fressen, dann miste ich aus und später gehe ich mit den Tieren für mindestens drei Stunden auf die Weide. Gegen 19 Uhr komme ich heim.

In drei Wochen fangen sie jedoch an zu gebären und es wird anstrengender werden. Ich werde 40 bis 50 Zicklein zu versorgen haben, ihnen Milch geben und alle Ziegen melken. Ich habe eine Melkmaschine gekauft letztes Jahr, aber trotzdem wird es dieses Jahr komplizierter, weil ich im siebenten Monat sein werde. Darum hat mich der Arzt gewarnt vor eventuellen Krankheiten, die ich mir einfangen könnte. Ich werde den Tieren bei der Geburt helfen, aber nicht ohne Handschuhe, Arbeitskittel und geeignetes Schuhwerk.

Come riesci a guadagnare con le tue capre?
Produco formaggi freschi e stagionati.

Ora ho 51 capre, quando nasceranno i piccoli cercherò di venderli ad altri allevatori.

Per ora tutto quello che guadagno lo sto investendo. Sono partita da zero, non avevo niente, stalle, attrezzature, ho dovuto ogni anno mettere un tassello in più, quest'anno inizierò a costruire un caseificio. L'iter burocratico è stato lunghissimo.

Come passi il tempo mentre le capre sono al pascolo?
In genere leggo, faccio enigmistica o studio libri su formaggi. Sono un'amante dei thriller e amo Stephen King.

Che rapporto hai con i tuoi animali?
Gli animali o li ami o non li ami, non c'è una via di mezzo.

Se qualcuno mi obbligasse a lasciare tutto morirei di crepacuore. Non potrei mai farlo. Le capre sono molto intelligenti e a volte testarde perché vogliono fare quello che gli va. Quando le chiamo arrivano solo se sanno che ho Brick con me, altrimenti sarebbero capaci di ignorare i miei richiami per ore. Sono anche dispettose, se lascio una giacca appesa in stalla con il muso tirano fuori tutto dalle tasche, l'ultima volta hanno mangiato tutte le caramelle che avevo. Hanno tutte un nome, Nerina, Mimosa, Fortuna, Dumbo, Stella … La metà di loro riconosce il nome, le più coccolone che cercano la mia vicinanza e che quindi chiamo più spesso. E a proposito di coccole, ora che partoriranno ci sarà da divertirsi perché con gli sbalzi ormonali mi leccano dalla testa ai piedi ! ! Con tutte le capre ho una forte empatia. Quando entro in stalla mi accorgo subito se una ha qualche problema, forse è l'istinto materno. Il

Wie gelingt es dir, mit deinen Ziegen Geld zu verdienen?
Ich produziere frischen, saisonalen Käse.

Ich habe jetzt 51 Ziegen. Wenn die Kleinen auf der Welt sind, werde ich versuchen, sie an andere Züchter zu verkaufen. Zur Zeit investiere ich alles, was ich verdiene.

Ich habe bei null angefangen, ich hatte nichts. Jedes Jahr habe ich einen Ziegelstein dazugesetzt, Ställe, Ausrüstung, dieses Jahr werde ich mit dem Bau einer Käserei beginnen. Der bürokratische Dienstweg war sehr lang.

Wie verbringst du deine Zeit, wenn die Ziegen auf der Weide sind?
Meistens lese ich, löse Rätsel oder studiere Bücher über Käse. Ich liebe Thriller und bin ein Fan von Stephen King.

Was hast du für ein Verhältnis zu deinen Tieren?
Du liebst die Tiere oder du liebst sie nicht, dazwischen gibt es nichts.

Wenn mich jemand zwingen würde, alles aufzugeben, würde ich an gebrochenem Herzen sterben. Das könnte ich nie. Die Ziegen sind sehr intelligent und manchmal dickköpfig, weil sie machen möchten, was ihnen passt. Wenn ich sie rufe, kommen sie nur, wenn sie mitgekriegt haben, dass ich Brick dabeihabe, sonst würden sie mein Rufen womöglich über Stunden ignorieren. Sie sind auch frech. Wenn ich eine Jacke im Stall hängen lasse, ziehen sie mit der Schnauze alles aus den Taschen, kürzlich haben sie alle meine Bonbons aufgefressen. Jede hat einen Namen, Nerina, Mimosa, Fortuna, Dumbo, Stella … Die Hälfte von ihnen hört auf ihre Namen, die Verschmusteren, die meine Nähe suchen und die ich öfters rufe. Apropos schmusen, jetzt, wo sie bald gebären, gibt es viel zu lachen, wegen der hormonellen Schübe lecken sie mich von Kopf bis Fuß ab ! !
Ich kann mich sehr gut in die Ziegen einfühlen. Wenn ich den Stall betrete, merke ich sofort, ob eine von ihnen Probleme hat,

mio compagno, per esempio, che spesso mi aiuta, anche se stesse tutto il giorno in stalla non si accorgerebbe di nulla. Anche al pascolo se hanno qualcosa che non va, vengono subito da me.

Che cosa ti dà questa vita?

Mi dà la libertà, il non dipendere da nessuno. È una libertà che non esclude l'avere un impegno, l'avere responsabilità degli animali. Mi sento comunque libera con le mie caprette perché andiamo in giro nei boschi, sono sempre in mezzo alla natura, non devo mai andare in città o in posti affollati e nessuno mi dice cosa devo fare. Non potrei pensare di alzarmi tutte le mattine, dover prendere il tram e andare in un ufficio dove stare 8 ore, no, non potrei.
Il contatto con la natura, con gli animali mi dà un'estrema gioia.

Che progetti hai per il futuro?

Iniziamo i lavori del caseificio, devo finire di ristrutturare la casa di mia nonna poi arriva il bambino ! Questa sarà una nuova avventura ! Mi dovrò organizzare so che non sarà facile ma sono felicissima di farlo crescere qui con gli animali. Vedo spesso gente che viene il fine settimana dalla città, i bambini sono felicissimi di stare con gli animali. Sicuramente sarà privilegiato.

vielleicht ist das der Mutterinstinkt. Mein Kollege zum Beispiel, der mir oft hilft, würde gar nichts schnallen, selbst wenn er den ganzen Tag im Stall wäre. Auch auf der Weide kommen sie sofort zu mir, wenn etwas ist.

Was gibt dir dieses Leben?
Es gibt mir Freiheit, ich bin von niemandem abhängig. Eine Freiheit, die nicht ausschließt, eine Verpflichtung zu haben, Verantwortung für die Tiere zu übernehmen. Jedenfalls fühle ich mich frei mit meinen Ziegen, weil wir in den Wäldern herumstreifen. Ich bin immer mitten in der Natur, ich muss nie in die Stadt oder an überfüllte Orte, und niemand sagt mir, was ich zu tun habe. Ich könnte mir nicht vorstellen, jeden Morgen aufstehen, die Straßenbahn nehmen, ins Büro gehen und dort acht Stunden bleiben zu müssen, nein, das könnte ich nicht. Die Nähe zur Natur, zu den Tieren macht mir extreme Freude.

Was für Pläne hast du für die Zukunft?
Wir bauen die Käserei, ich muss die Renovierung des Hauses meiner Großmutter beenden, und dann kommt das Kind! Das wird ein neues Abenteuer! Ich muss mich organisieren, es wird nicht einfach sein, aber ich bin sehr froh, dass es hier mit den Tieren aufwachsen kann. Ich sehe oft Leute, die am Wochenende aus der Stadt kommen, die Kinder sind überglücklich, bei den Tieren zu sein. Mein Kind wird auf jeden Fall privilegiert sein.

Borghi fantasma

I borghi, gruppi di case arroccate in mezzo alla natura, luoghi che profumano di storia, magia, racconti e da un po' di tempo anche di solitudine, sono parte del patrimonio storico e artistico italiano. Negli ultimi anni il calo delle nascite, l'esodo dei giovani per ragioni di studio o lavoro, la chiusura delle attività commerciali per spopolamento, ne hanno cambiato l'aspetto. Sono rimasti ad abitarli poche centinaia di persone, in prevalenza anziani, ed è forse per questo che questi paesi a «rischio di estinzione», sono chiamati anche «borghi fantasma».

I quasi 6 000 comuni, con una popolazione inferiore ai 5 000 abitanti, possono rappresentare però una risorsa. Dal 2017 è nato un movimento di « lotta per la sopravvivenza dei borghi italiani », che è attivo con molte iniziative.

Le idee per attrarre abitanti nei borghi, dal nord al sud del nostro paese e nelle isole, non mancano. Per chi ci si voglia trasferire ci sono gli incentivi, la diminuzione delle tasse, gli affitti low cost. Alcuni borghi diventano cooperative che si occupano di turismo e di agricoltura, altri aprono le porte agli immigrati ripopolando le case abbandonate da anni, altri ancora ospitano artisti, artigiani e intellettuali. Inoltre, da qualche anno sempre per iniziativa dei sindaci alcuni paesini disabitati offrono case alla cifra simbolica di 1 euro a chi si impegna a risiedervi e a ristrutturarle. Tutto questo nella speranza di richiamare in queste località giovani e stranieri per farle rinascere, far risorgere scuole, bar, ristoranti, farmacie, insomma una nuova vita. Fra le tante proposte ne ho scelta una interessante anche per gli stranieri. È ancora in fase di realizzazione, ma

Geisterdörfer

Diese Dörfer, Häusergruppen mitten in der Natur, Orte voller Magie, die nach Geschichte und Geschichten riechen und seit kurzem auch nach Einsamkeit, zählen zum historischen und künstlerischen Erbe von Italien. Geburtenrückgang, Wegzug der Jungen, um zu studieren und Arbeit zu finden, und die Schließung von Betrieben aufgrund der Abwanderung der Bevölkerung haben in den letzten Jahren das Erscheinungsbild verändert. Wenige Hundert Leute sind geblieben, hauptsächlich Alte, und wahrscheinlich deshalb werden diese «vom Aussterben bedrohten» Dörfer auch «Geisterdörfer» genannt.

Die rund 6 000 Gemeinden mit insgesamt weniger als 5 000 Einwohnern können aber auch eine Ressource darstellen. Seit 2017 ist eine Bewegung entstanden, der «Kampf für das Überleben der italienischen Dörfer», die viele Initiativen ins Leben gerufen hat.

Es fehlt nicht an Ideen, um Bewohner in diese Dörfer zu locken, sei es im Norden, im Süden oder auf den Inseln. Für diejenigen, die hinziehen wollen, gibt es Fördermittel, Steuererleichterungen oder günstige Mieten. Einige Dörfer werden Kooperativen, die sich mit Landwirtschaft und Tourismus befassen, andere öffnen ihre Pforten für Immigranten, sodass seit Jahren leerstehende Häuser wiederbelebt werden, wieder andere beherbergen Künstler, Kunsthandwerker und Intellektuelle. Darüber hinaus bieten einige unbewohnte Dörfchen seit ein paar Jahren auf Initiative der jeweiligen Bürgermeister Häuser an für den symbolischen Betrag von einem Euro, mit der Auflage, sich dort niederzulassen und sie zu renovieren. All dies in der Hoffnung, junge Menschen und Ausländer an diese Orte zu locken und sie so wieder aufblühen zu lassen. Schulen, Bars, Restaurants und Apotheken sollen zu neuem Leben erweckt werden. Unter den vielen Vorschlägen habe ich einen ausgewählt, der mir auch für Ausländer interessant zu sein scheint. Er

ha dalla sua uno scenario unico, una delle regioni più selvagge e belle d'Italia. Qui i pini marittimi seguono la linea dell'orizzonte piegati da un vento implacabile, le scogliere hanno un aspetto lunare e il mare riluce di un azzurro cristallino: è la Sardegna dove natura e cultura si uniscono e si celebrano non solo nel paesaggio ma anche, dulcis in fundo, nei prodotti enogastronomici unici.

Se vi trovate nel sud dell'isola, e più precisamente nella zona detta dell'Iglesiente, non lasciatevi sfuggire una visita al paese protagonista di questa storia: Fluminimaggiore.

Si tratta di un paesino adagiato nella valle del fiume Rio Mannu, spettatore e attore della storia mineraria della regione. A pochi chilometri dal centro abitato vi consiglio di visitare le bellissime grotte Su Mannau, un complesso carsico creatosi 540 milioni di anni fa per l'azione di due corsi d'acqua sotterranei, il Placido e il Rapido. I fiumi portano sempre acqua «viva» e contribuiscono così alla lenta formazione di stalattiti e stalagmiti, cristalli e laghetti. Queste grotte incantate sono visitabili da aprile a ottobre.

Un tempo le grotte erano collegate con il tempio di Antas, uno dei massimi monumenti antichi della Sardegna. Il tempio è nato come santuario nuragico (IX secolo a. C.), ha attraversato il periodo cartaginese e quello punico-ellenistico toccando il suo splendore durante la dominazione romana. Oggi si raggiunge attraverso la valle rigogliosa del Riu di Antas. E per gli amanti del mare, a pochi chilometri dal nostro paesino, c'è una delle più belle spiagge della Sardegna, la sabbia finissima e chiara di Portixeddu.

ist noch in der Entstehungsphase, punktet jedoch mit einer einmaligen Kulisse, mit einer der wildesten und schönsten Gegenden Italiens. Hier folgen die von einem unerbittlichen Wind gekrümmten Pinien der Linie des Horizonts, die Klippen sehen aus wie eine Mondlandschaft und das Meer leuchtet in kristallenem Azurblau: Wir sind in Sardinien, wo Natur und Kultur verschmelzen und sich gegenseitig feiern, nicht nur in der Landschaft, sondern erst recht in den einzigartigen weingastronomischen Produkten.

Wenn Sie sich im Süden der Insel befinden, genauer im sogenannten Iglesiente, lassen Sie sich die Besichtigung des Dorfes, das Gegenstand dieser Geschichte ist, nicht entgehen: Fluminimaggiore.

Es handelt sich um ein Dörfchen, das eingebettet ist ins Tal des Flusses Rio Mannu, der Zuschauer und Akteur der Geschichte des regionalen Bergbaus ist. Ich empfehle Ihnen, die wenige Kilometer vom Dorfzentrum entfernte, wunderschöne Grotte Su Mannau zu besichtigen, ein Karstkomplex, der vor 540 Millionen Jahren entstanden ist durch den Zusammenfluss von zwei unterirdischen Wasserläufen, dem Placido und dem Rapido. Die Flüsse führen immer «lebendiges» Wasser und tragen zur langsamen Bildung von Stalaktiten und Stalagmiten, Kristallen und kleinen Seen bei. Diese zauberhaften Grotten sind von April bis Oktober zugänglich.

Früher waren die Grotten mit dem Tempel von Antas verbunden, der als eines der größten antiken Denkmäler Sardiniens bekannt ist. Der Tempel entstand als Nuraghen-Heiligtum (11. Jh. v. Chr.), blieb während der karthagischen und der punisch-hellenistischen Periode bestehen und kam unter der römischen Herrschaft zu seiner Blüte. Heute erreicht man ihn durch das üppige Tal des Riu di Antas. Für die Fans des Meeres erstreckt sich, nur wenige Kilometer von unserem Dörfchen entfernt, einer der schönsten Strände Sardiniens, der feine und weiße Sand von Portixeddu.

Happy Village

Cari lettori, quella che sto per raccontarvi è la storia di un paese, di un uomo e di una visione.

Il paese e l'uomo: Fluminimaggiore sta tra il versante occidentale del Monte Linas e il mare, nell'ampia valle scavata dal Rio Mannu che scorre in uno scenario naturale assolutamente idilliaco. Chiudo gli occhi e tiro un profondo respiro, una leggera brezza porta con sé il profumo del mare e dell'elicriso che col suo colore giallo rallegra le strade del paese. Ho sempre amato la Sardegna, ma questa zona è per me una novità, non vedo l'ora di conoscerla e di toccare con mano le bellezze di cui ho letto e sentito. Per il momento mi basta respirare quest'aria frizzante, una delle caratteristiche delle coste sarde ventilate e fresche anche nei mesi più caldi. Passeggio per la strada principale del paese, via Vittorio Emanuele dove pulsa tutta la vita dell'abitato, dove a Pasqua passano le processioni con le statue dei santi seguite dai fedeli e a Carnevale quelle dei carri. A un certo punto un palazzo con dei murales attira la mia attenzione. Che bei colori ! Sulla facciata ci sono quattro grandi disegni, rimango incantata a guardarne uno con una donna che suona il violino, un prato verde e le rovine di un tempio.

« È il tempio di Antas », dice una voce che in un primo momento si confonde con quelle dei passanti, nulla mi fa pensare che sia diretta a me.

« Signora, signora », le voci diventano tante e così mi volto. « Quello è il tempio di Antas che c'è qui vicino ! D'estate fanno dei concerti bellissimi. »

A quanto pare le voci è proprio a me che si rivolgono, appartengono a tre uomini anziani che bevono una birra seduti a un tavolino fuori da un bar. Anche qui la facciata è abbellita da murales.

Happy Village

Liebe Leser, was ich euch jetzt berichten werde, ist die Geschichte eines Dorfes, eines Mannes und einer Vision.

Das Dorf und der Mann: Fluminimaggiore liegt zwischen dem westlichen Abhang des Monte Lina und dem Meer, im breiten Tal, das der Rio Mannu ausgewaschen hat, der in einer absolut idyllischen Naturlandschaft dahinfließt. Ich schließe die Augen und atme tief ein, eine leichte Brise weht den Duft von Meer und Strohblumen herüber, die mit ihrem fröhlichen Gelb die Straßen säumen. Ich habe Sardinien schon immer geliebt, aber diese Gegend ist mir neu, ich kann es kaum erwarten, sie zu erkunden und all das Schöne, von dem ich gehört und gelesen habe, mit eigenen Augen zu sehen. Für den Moment genügt es mir, diese erfrischende Luft zu atmen, die auch in den heißesten Monaten typisch ist für die sardische Küste. Ich spaziere auf der Hauptstraße des Dorfes, der Via Vittorio Emanuele, wo sich das ganze Leben der Ortschaft abspielt, wo an Ostern die Prozessionen mit den Heiligenstatuen stattfinden, gefolgt von den Gläubigen, und an Fastnacht jene der Karnevalswagen. An einer Stelle erregt ein Palast mit bemalter Fassade meine Aufmerksamkeit. Was für schöne Farben ! Vier große Bilder sind auf die Fassade gemalt, eines nimmt mich besonders gefangen, eine Frau, die Violine spielt, eine grüne Wiese und Ruinen eines Tempels.

« Das ist der Tempel von Antas », sagt eine Stimme, von der ich zuerst annehme, sie gehöre einem Passanten, denn nichts deutet darauf hin, dass ich gemeint bin.

« Signora, signora », ruft es mehrmals, sodass ich mich umdrehe. « Das ist der Tempel von Antas, der hier in der Nähe ist ! Im Sommer geben sie dort wunderschöne Konzerte. »

Die Stimmen meinen tatsächlich mich, sie gehören zu drei alten Männern, die vor einer Bar an einem Tischchen ihr Bier trinken. Auch die Wand hinter ihnen ist mit Malereien verschönert.

«Sono bellissimi!», dico indicandoli.

«Vero? Sono opere degli ‹imbracchinadoris Artistas de Muru›, un gruppo di artisti di qui che ha deciso di dipingere Fluminimaggiore e renderlo più bello e colorato. Lei è straniera?», mi chiedono.

Credo che intendano ‹forestiera›, non del luogo, quindi rispondo, «Sì, sono qui in visita, più tardi ho un appuntamento con il sindaco.»

«Ma allora è arrivata, questo è il municipio!», dice uno dei signori sorridendo e indicando il palazzo con i murales. È un personaggio particolare, ha dei baffoni neri e porta un cappello da cowboy di pelle. «Venga, si accomodi con noi intanto che aspetta, venga a provare le pardulas del Forno di Frongia, sono freschissime.»

Non mi lascio mai sfuggire l'occasione di sedermi con persone del luogo, sono quelle che hanno le migliori informazioni e poi ... non so cosa siano le «pardulas», ma so che sicuramente saranno buone. Comincio io con il raccontare di cosa mi occupo e, quando sentono che vorrei sapere qualcosa di più sul paese, il cowboy mi dice con entusiasmo: «Allora è fortunata, le racconto tutto io!» I compagni di tavolo ridono e lo prendono in giro: «lo sa, lui è un po' matto, alla sua età fa i video con il cellulare e li posta su FB.»

«Non li ascolti, non sono matto, mi sono solo adeguato alle nuove tecnologie, e ho deciso di far conoscere i nostri luoghi a tutto il mondo, così li filmo e ne racconto le storie, pensi che ho più di 20000 followers!» Allora credo che abbia ragione, ho avuto davvero fortuna, ho trovato un perfetto «tuttologo» di Fluminimaggiore. Antonio non perde tempo e inizia a raccontarmi la storia del paese, la sua famiglia e quelle dei suoi amici sono del luogo da generazioni. Succede così che il suo racconto si fonde con le informazioni che ho ricercato io e le rende vive.

« Sie sind wunderschön ! », sage ich und zeige darauf.

« Finden Sie? Es sind Werke der ‹ Imbracchinadoris Artistas de Muru ›, einer Gruppe von hiesigen Künstlern, die beschlossen haben, Fluminimaggiore zu bemalen und es schöner und bunter zu machen. Sind Sie Ausländerin ? »

Ich denke, sie meinen ortsfremd, nicht von hier, und ich antworte : « Ja, ich bin hier zu Besuch, später habe ich einen Termin mit dem Bürgermeister. »

« Dann sind Sie hier richtig, das ist das Rathaus ! », sagt einer der Herren, grinst und zeigt auf den Palast mit den Malereien. Er ist etwas speziell, hat einen schwarzen Schnauzbart und trägt einen Cowboyhut aus Leder. « Kommen Sie, setzen Sie sich zu uns, während Sie warten, kommen Sie und probieren Sie die Pardulas aus der Bäckerei Frongia, sie sind ganz frisch. »

Ich lasse mir nie eine Gelegenheit entgehen, mit Einheimischen zusammenzusitzen, die haben die besten Infos und außerdem … ich weiß nicht, was Pardulas sind, aber ich weiß, dass sie bestimmt lecker sind. Ich mache den Anfang und erzähle, was ich vorhabe, und als sie merken, dass ich mehr über das Dorf wissen möchte, sagt der Cowboy mit Begeisterung : « Dann haben Sie Glück, ich erzähle Ihnen alles ! » Seine Kumpane lachen und ziehen ihn auf : « Wissen Sie, der ist ein bisschen verrückt, obwohl er schon so alt ist, macht er Videos mit dem Handy und postet sie auf Facebook. »

« Hören Sie nicht auf die, ich bin nicht verrückt, ich habe mir nur die neuen Technologien angeeignet. Ich möchte unsere Gegend weltweit bekannt machen, deshalb filme ich sie und erzähle ihre Geschichten. Stellen Sie sich vor, ich habe über 20 000 Follower ! » Er hat recht, ich habe wirklich Glück, den perfekten ‹ Alleswisser › von Fluminimaggiore gefunden zu haben. Antonio verliert keine Zeit und beginnt mit der Geschichte des Dorfes. Seine Familie und die seiner Freunde leben seit Generationen im Ort. So vermischt sich sein Bericht mit den von mir gesammelten Informationen und haucht ihnen Leben ein.

Fluminimaggiore nasce nel 1704. In quell'anno i feudatari della zona, il visconte Ignazio Asquer e sua moglie, decidono di ricostruire l'antico Flumini Major, villaggio ormai spopolato da più di un secolo, e ripopolarlo di nuove famiglie. Affidano il compito a tre uomini di Terralba, in provincia di Oristano. La ricchezza boschiva e quella mineraria del luogo incoraggiano l'arrivo di nuovi abitanti. «Come vede, ancora oggi siamo in mezzo ai boschi.» Sì, è vero, la vegetazione mi ha colpita subito, il paese è incastonato tra valli verdi particolarmente profumate ora che siamo in primavera, si sente l'elicriso, la lavanda selvatica e il cisto marino. Verso la seconda metà dell'800, il legname di questi boschi diventa una preziosa fonte di carbone per le industrie francesi, mentre si moltiplicano i siti minerari gestiti da industriali provenienti dal nord Italia e da tutta Europa da cui si ricavano piombo, argento, zinco. Le miniere sono la fortuna, ma in un certo senso anche la sfortuna, di Fluminimaggiore e dei paesi vicini, che da insediamenti rurali poco abitati in pochissimo tempo si trasformano completamente.

Mi arriva la birra da bere con le pardulas. I miei tre compagni di tavolo mi osservano con un sorrisino sulle labbra «Provi, provi ...». E io provo, provo ... mordo uno di questi dolci e il mio palato diventa una giostra di sapori. Ricotta, miele, aroma di arancia e di scorza di limone, riesco a emettere solo un suono, «Mmh», ma credo che l'espressione del mio viso sia sufficiente a rendere felici i miei amici improvvisati. Dopo un po' Antonio prosegue con il suo racconto e mi parla di un vero e proprio boom economico a cavallo tra Ottocento e Novecento, che porta alla costruzione di laverie per la lavorazione dei minerali grezzi e a una continua richiesta di manodopera. I paesini rurali della zona diventano villaggi minerari popolati da uomini, donne e bambini che preferiscono abbandonare

Fluminimaggiore gibt es seit 1704. In jenem Jahr beschließen der Feudalherr der Gegend, Vicomte Ignazio Asquer, und seine Frau, das antike Flumini Major, das seit mehr als einem Jahrhundert entvölkert war, wieder aufzubauen und mit neuen Familien zu besiedeln. Diese Aufgabe wird drei Männern aus Terralba in der Provinz Oristano anvertraut. Der Reichtum an Wald und Bodenschätzen zieht neue Bewohner an. « Wie Sie sehen können, sind wir auch heute noch von Wäldern umgeben. » Tatsächlich hatte mich die Vegetation sofort beeindruckt. Das Dorf ist umgeben von grünen Tälern, die jetzt im Frühling ganz besonders duften, man riecht Strohblumen, wilden Lavendel und Zistrosen. Mitte des 19. Jahrhunderts wird das Holz dieser Wälder zu einer kostbaren Kohlenquelle für die französische Industrie und es gibt immer intensiveren Bergbau, welcher von Industriellen aus Norditalien und ganz Europa betrieben wird. Es werden Blei, Silber und Zink gefördert. Die Minen bringen Fluminimaggiore und den umliegenden Dörfern Glück, in gewissem Sinne aber auch Unglück, denn die dünn besiedelten bäuerlichen Niederlassungen verändern sich in kürzester Zeit komplett.

Jetzt werden mir Bier und Pardulas serviert. Meine drei Tischkumpane beobachten mich und fordern mich mit einem Lächeln auf den Lippen auf: « Probieren Sie, probieren Sie ... » Und ich probiere, probiere ... ich beiße in eins dieser süßen Teilchen und an meinem Gaumen wetteifern die Aromen. Ricotta, Honig, Orangen und Zitronenschale, ich kann gerade einen knappen Ton von mir geben: « Mmh ! » Aber ich glaube, der Ausdruck auf meinem Gesicht genügt, um meine Zufallsbekanntschaften glücklich zu machen. Nach einer Weile erzählt Antonio weiter, er spricht von einem veritablen wirtschaftlichen Aufschwung um 1900, der zur Errichtung von Waschanlagen für die Bearbeitung der Rohmaterialien führte und zu einem kontinuierlichen Bedarf an Arbeitskräften. Die Bauerndörfer der Gegend werden Bergbau-Dörfer, bevölkert mit Männern,

il lavoro dei campi per un guadagno più sicuro. « Ci fu un grande sfruttamento di manodopera che, come spesso accade, portò … », Antonio si infervora, poi esita, mi pare di capire che il racconto gli faccia un po' male, poi riprende. « … portò un'enorme ricchezza nelle mani di pochi. Pensi che già nel 1866 solo la cava di Buggerru, una delle tante qui vicine, produceva più di un milione di tonnellate di zinco e oltre 200 mila tonnellate di piombo e nel 1901 Fluminimaggiore era cresciuto, aveva più di 10 000 abitanti ! ! ! » È vero, ho letto che in quegli anni la produttività e la popolazione raggiungono un picco, ma è proprio da quel momento che inizia anche il declino della fortuna mineraria della zona dove, dopo le guerre mondiali e la crisi del 1929, ha fine ogni attività estrattiva.

« Vede lì ? », Antonio indica un murales di fronte a noi. Rappresenta un gruppo di minatori con picconi e pietre in mano, un uomo per terra insanguinato e delle baionette sparse sul terreno. « Il murales rappresenta proprio l'eccidio di Buggerru a settembre del 1904. I minatori stavano scioperando per le condizioni disumane di lavoro, e la società francese che gestiva la miniera gli mandò contro l'esercito che sparò sui dimostranti uccidendone tre e ferendone altri … » L'uomo si perde per un momento nei ricordi, ricordi forse dolorosi, poi continua. « Ma oggi è tutto diverso, qui siamo anziani e pochi, i giovani se ne sono andati per mancanza di lavoro. È per questo che appoggiamo tutti l'idea geniale del nostro sindaco ! Lui è un giornalista famoso, è nato qui e appena è andato in pensione è tornato ed è stato eletto ! »

Lo so, mi sono preparata all'intervista con il sindaco, Marco Corrias, facendo una ricerca dettagliata sul paese e su di lui. Fluminimaggiore ha oggi quasi 3 000 abitanti. Anche qui, come in molti borghi italiani, lo stesso destino

Frauen und Kindern, die es vorziehen, ihre Feldarbeit aufzugeben für einen sichereren Verdienst. « Die Arbeitskräfte wurden schamlos ausgebeutet, was wie so oft dazu führte … », Antonio ereifert sich, dann zögert er, die Erzählung scheint ihm nahezugehen, dann macht er weiter, « … dazu führte, dass sehr wenige sehr reich wurden. Stellen Sie sich vor, schon 1866 förderte die Mine von Buggerru, eine von vielen hier in der Nähe, mehr als eine Million Tonnen Zink und weitere 200 000 Tonnen Blei, und 1901 war Fluminimaggiore gewachsen, es hatte mehr als 10 000 Einwohner ! » Das stimmt, ich habe gelesen, dass in jenen Jahren die Produktivität und die Einwohnerzahl einen Gipfel erreicht hatten. Aber von da an begann auch der Niedergang des regionalen Bergbaus, denn nach den beiden Weltkriegen und der Krise von 1929 kam jeglicher Abbau von Rohstoffen zum Erliegen.

« Sehen Sie dort ? » Antonio zeigt auf ein Wandbild uns gegenüber. Es stellt eine Gruppe von Bergarbeitern dar, mit Spitzhacke und Steinen in der Hand, auf dem Boden ein blutüberströmter Mann und herumliegende Bajonette. « Das Bild zeigt das Gemetzel von Buggeru im September 1904. Die Kumpels streikten aufgrund der unmenschlichen Arbeitsbedingungen und die französische Gesellschaft, die die Mine betrieb, entsendete Soldaten, die auf die Demonstranten schossen, drei von ihnen töteten und mehrere verwundeten. » Der Mann verliert sich für einen Moment in seinen womöglich schmerzlichen Erinnerungen, dann redet er weiter. « Heute ist alles anders, wir sind nur noch wenige Alte, die Jungen sind weggegangen, um zu studieren, und weil es hier keine Arbeit gibt. Deshalb unterstützen wir die geniale Idee unseres Bürgermeisters ! Er ist ein berühmter Journalist, hier geboren, und sobald er in Pension ging, kam er zurück und wurde Bürgermeister ! »

Das weiß ich, ich habe mich vorbereitet für das Interview mit dem Bürgermeister Marco Corrias, habe über ihn und das Dorf ausführlich recherchiert. Fluminimaggiore hat heute etwa 3 000 Einwohner. Wie viele andere Dörfer Italiens ereilte auch

emblematico: il paese non è riuscito a offrire un'alternativa di lavoro ai suoi giovani che sono stati quindi obbligati a un triste esodo. Anche Marco Corrias, nato nel 1951, da giovane promettente qual è, decide di lasciare la sua terra perché vuole continuare a studiare. Si forma a Urbino alla facoltà di Scienze Politiche e inizia a lavorare come giornalista. A Roma, dove poi si trasferisce e continua a scrivere per i giornali, passa al mondo della televisione in cui ottiene un grande successo, diventa un giornalista famoso, inizia a girare il mondo e, soprattutto, a raccontarlo.

A chi se ne va dal proprio paese spesso accade che i profumi e i sapori di quel luogo del cuore restino dentro e, dopo aver sentito i profumi e i sapori di questa terra, non ho dubbi che ciò accada anche in questo caso. Continuano a scorrere nella memoria anche se per lo più in modo silente perché si è troppo impegnati a costruirsi un'esistenza e a stupirsi per il nuovo. A un tratto, però, viene il tempo in cui i ricordi ricominciano a zampillare incontrollati, in momenti diversi e più impensati, in schizzi di gioia o di dolore … o a volte di rabbia.

Questo è quello che succede a Marco quando torna a Fluminimaggiore nella sua casa di pietra che affaccia sul mare. La gioia del ritorno a casa, dove tutto è noto e amato, lascia spazio a fitte di tristezza e rabbia per l'incuria, il degrado e l'abbandono che affliggono la sua terra. Marco è un giornalista, un combattente la cui arma migliore è la parola ed è automatico che le fitte di dolore o rabbia trovino sublimazione in articoli di denuncia, inchieste e in bellissimi libri. Dunque, mentre Marco gira il mondo, il suo paese se lo porta sempre dietro, la sua storia si confonde con quella di molti altri. Per esempio, con quella del protagonista di un suo libro, il minatore de *Il pozzo Zimmermann*, oppure con quella dei personaggi più mo-

dieses hier das typische Schicksal: Das Dorf konnte den jungen Leuten keine Arbeit anbieten, sodass diese zum traurigen Exodus gezwungen waren. Auch Marco Corrias, geboren 1951, beschließt als vielversprechender junger Mann, seine Heimat zu verlassen, weil er weiter studieren möchte. In Urbino studiert er Politikwissenschaft und fängt an, als Journalist zu arbeiten. Er zieht nach Rom, schreibt dort weiter für die Zeitungen, wechselt zum Fernsehen, wo er großen Erfolg hat, wird ein berühmter Journalist, beginnt die Welt zu bereisen und vor allem, darüber zu berichten.

Verlässt man sein Heimatdorf, bleiben die Düfte und Geschmäcker dieses Sehnsuchtsortes im Innern oft bewahrt, und nachdem ich die Düfte dieses Landstrichs eingesogen habe und die Geschmäcker mir habe auf der Zunge zergehen lassen, zweifle ich nicht mehr daran, dass das auch in diesem Fall so war. Sie bleiben lebendig in Erinnerung, wenn auch meistens im Stillen, weil man zu sehr damit beschäftigt ist, sich eine Existenz aufzubauen und über alles Neue zu staunen. Auf einmal kommt jedoch der Zeitpunkt, wo die Erinnerungen unkontrolliert wieder hochkommen, in unterschiedlichen, eher unvermuteten Momenten der Freude oder des Schmerzes … oder manchmal der Wut.

Genau das passiert Marco, als er wieder nach Fluminimaggiore kommt, in sein Haus mit Blick aufs Meer. Neben der Freude über seine Rückkehr nach Hause, wo er alles kennt und liebt, macht es ihn auch traurig und wütend, wie seine Heimat ihrem Schicksal überlassen wird, zerfällt und verwahrlost. Marco ist Journalist, ein Kämpfer, dessen schärfste Waffe das Wort ist, und ganz automatisch sublimiert er seinen Schmerz und seine Wut in anprangernde Artikel, in Nachforschungen und wunderschöne Bücher. Wenn Marco die Welt bereist, nimmt er sein Dorf immer mit, seine Geschichte vermischt sich mit den Geschichten von vielen anderen. Zum Beispiel mit derjenigen des Protagonisten eines seiner Bücher, des Bergmannes aus *Il pozzo Zimmermann*[4], oder mit derjenigen von moderneren Figuren aus *Piombo fuso*[5],

derni di *Piombo fuso*, ambientato a Fluminimaggiore. Nei libri, i sentimenti di Marco inevitabilmente impongono toni spesso amari e accusatori. In questo lo capisco bene, perché spesso chi si allontana da casa sua e visita il mondo è il primo a rendersi conto delle meraviglie che ha lasciato e a piangere dentro di sé per l'ottusa e crudele distruzione o incuria a cui beni inestimabili vanno incontro.

Dopo la sua bella carriera giornalistica Marco va in pensione e il fuoco sacro dell'amore per il suo paese lo obbliga a tornare alle origini. Ritorna infatti a Fluminimaggiore e ne diventa il sindaco e da quel momento inizia a realizzare una visione.

« Guardi, eccolo lì il nostro sindaco ! ! ! », dicono i tre uomini in coro indicando Marco Corrias che cammina verso di noi, l'aria giovanile, un bel sorriso e l'andatura sicura di chi ha tante cose belle da realizzare. Si conoscono e sono proprio loro a presentarmi.

« Questa signora è Valeria Vairo, ha un appuntamento proprio con te … »

« Immaginavo che fosse lei », risponde ridendo, « è da un po' che vi osservo dalla finestra e ho capito che mi avete rapito la scrittrice ! Sicuramente l'avete adescata con le pardulas fresche del Forno ! »

Controllo l'ora sul cellulare e mi rendo conto che il tempo trascorso con Antonio e i suoi amici è volato e che l'ora dell'appuntamento è passata da un pezzo. Mi scuso imbarazzata e Marco ammicca simpaticamente : « Come potrei biasimarla, questi dolcetti fanno impazzire anche me ! Venga, la porto in un luogo speciale. »

Mi accomiato da Antonio e dagli altri e salgo in macchina con il sindaco.

In pochi minuti arriviamo alla spiaggia di Portixeddu. Un luogo senza tempo. La luce del tramonto accentua

angesiedelt in Fluminimaggiore. In Marcos Büchern bekommen die Ansichten und Meinungen unvermeidlich einen bitteren und anklagenden Ton. Das kann ich gut verstehen, weil gerade der, der sich von zu Hause entfernt und sich die Welt anschaut, sich der Schätze bewusst wird, die er zurückgelassen hat. Innerlich beweint er die stumpfsinnige und grausame Zerstörung oder Verwahrlosung von unschätzbaren Gütern.

Nach seiner erfolgreichen Journalistenkarriere geht Marco in Pension und das heilige Feuer der Liebe für sein Dorf zwingt ihn, zu den Anfängen zurückzukehren. Tatsächlich übersiedelt er von Rom nach Fluminimaggiore und wird dort Bürgermeister. Von dem Moment an beginnt er, eine Vision in die Tat umzusetzen.

« Schau, da ist er, unser Bürgermeister ! », sagen die drei Männer im Chor und zeigen auf Marco Corrias, der auf uns zukommt. Er hat ein jugendliches Aussehen, ein einnehmendes Lachen und das sichere Auftreten eines Mannes, der ganz viele schöne Dinge realisieren möchte. Sie alle kennen sich und die drei stellen mich vor.

« Diese Dame ist Valeria Vairo, sie hat eine Verabredung mit dir … »

« Ich dachte mir, dass sie es ist », antwortet er lachend, « schon eine Weile beobachte ich euch vom Fenster aus und ich habe begriffen, dass ihr mir die Schriftstellerin gekidnappt habt ! Bestimmt habt ihr sie mit den ofenfrischen Pardulas geködert ! »

Ich schaue auf die Uhr auf meinem Handy und merke, dass die Zeit mit Antonio und seinen Freunden wie im Flug vergangen ist und dass der Termin mit dem Bürgermeister bereits überschritten ist. Ich entschuldige mich verlegen und Marco zwinkert mir sympathisch zu. « Wie könnte ich Ihnen etwas vorwerfen, nach diesen süßen Teilchen bin auch ich verrückt ! Kommen Sie, ich führe Sie an einen außergewöhnlichen Ort. »

Ich verabschiede mich von Antonio und den anderen und steige zum Bürgermeister ins Auto.

Nach wenigen Minuten sind wir am Strand von Portixeddu. Ein Ort außerhalb der Zeit. Das Abendlicht bringt den goldfarbenen

il colore oro della spiaggia, le onde si infrangono sugli scogli ai lati distribuendo generose l'essenza di mare nell'aria. Mi guardo intorno, la natura mi colpisce ancora una volta, la macchia mediterranea, le palme, il giallo delle mimose.

Passeggiamo sulla spiaggia, io rigorosamente a piedi nudi.

Mi racconta che l'idea è nata una serata d'inverno serena e tranquilla trascorsa a casa di un suo caro amico giornalista di Milano che si era trasferito a vivere a Fluminimaggiore.

La casa era bellissima, di pietra, con il tetto di legno e canne, e stavano chiacchierando amabilmente dopo una piacevole partita a biliardo. Era uno di quei momenti in cui ci si abbandona alle chiacchiere, ai sogni, alle confidenze sulla propria vita e proprio in quell'occasione Marco chiese all'amico perché aveva deciso di trasferirsi in quel paesino lontano dal mondo.

«Guardati intorno», rispose l'amico, «è uno dei posti più belli al mondo dove un pensionato può andare a vivere. C'è una natura meravigliosa, un mare superbo, incontaminato, si mangia bene, si vive bene, la gente è gentile, perché non dovrei vivere qui? Per me questo è il paradiso».

Quella sera capirono dunque che effettivamente Fluminimaggiore sarebbe potuto essere un paradiso per tanti, allora scherzarono e iniziarono a giocare con quest'idea. Purtroppo, dopo due anni l'amico di Marco è mancato, ma lui ancora due anni dopo è diventato sindaco e la visione era ancora lì, nitida nella sua mente: l'Happy Village.

Strand zum Leuchten, die Wellen brechen sich an den seitlichen Klippen und versprühen großzügig die Essenz des Meeres. Ich schaue mich um, die Natur schlägt mich zum wiederholten Male in ihren Bann, die mediterrane Macchia, die Palmen, das Gelb der Mimosen.

Wir spazieren den Strand entlang, ich natürlich barfuß.

Er erzählt mir, dass seine Idee an einem gemütlichen, ruhigen Winterabend entstanden ist, bei einem lieben Journalistenfreund aus Milano, der nach Fluminimaggiore gezogen war.

Er hatte ein wunderschönes Haus aus Stein, das Dach aus Holz und Schilfrohr, und sie unterhielten sich angenehm nach einer netten Partie Billard. Es war einer jener Momente, in denen man sich plaudernd treiben lässt, seinen Träumen nachhängt, vertraulich über das eigene Leben redet. Bei dieser Gelegenheit fragte Marco seinen Freund, warum er sich dazu entschlossen hatte, in diesem Dörfchen weitab von der Welt zu leben.

« Schau dich um », antwortete der Freund, « hier ist einer der schönsten Orte der Welt für einen Rentner. Die Natur ist wunderbar, das Meer herrlich, nicht verschmutzt, man isst gut, man lebt gut, die Leute sind nett. Warum sollte ich hier nicht leben wollen? Für mich ist hier das Paradies ! »

An diesem Abend kamen sie darauf, dass Fluminimaggiore tatsächlich ein Paradies für viele sein könnte, dann machten sie Witze und fingen an, mit der Idee herumzuspielen. Leider starb Marcos Freund zwei Jahre später, aber wiederum zwei Jahre später wurde Marco zum Bürgermeister gewählt, und noch immer hatte er die Vision ganz klar im Kopf: Happy Village.

Intervista al sindaco e ideatore Marco Corrias

Qual è esattamente la visione?
Un tempo il paese contava 4 500 abitanti, ora solo 3 000. Ci sono tante case in disuso e 500 case abbandonate. Vogliamo ristrutturare le case e offrire a pensionati di livello medio alto italiani o del nord Europa un pacchetto per trascorrere qui i loro anni di riposo. Il progetto si chiamerà Happy Village.

L'Happy Village sarà una residenza diffusa per pensionati, quindi?
Esattamente. Pensiamo a un pacchetto chiavi in mano, dove chi arriva, oltre al clima mite, troverà residenze di prestigio, cooperative in grado di prestare innumerevoli servizi, trasporti pensati su misura, eccellenze gastronomiche a chilometro zero e la possibilità di accogliere e condividere coi propri affetti lunghi periodi di vacanze in strutture di livello.

Cosa prevedete esattamente nel pacchetto?
La casa, messa a nuovo ed elegante, che potrà ospitare al massimo 4 persone, servizi di pulizie, trasporti gratuiti, una sorta di mezza pensione, dei buoni pasto da spendere nei ristoranti della zona a pranzo o a cena. Inoltre, ci sarà un sistema di controllo sanitario. Ogni casa sarà collegata a un centro di servizio medico per cui se ci dovesse essere un allarme notturno basterà schiacciare un pulsante. L'assistenza sarà garantita 24 ore su 24, con medici di base e sistemi di allarme nelle stanze collegati a centri specializzati in grado di intervenire in qualsiasi momento. Avremo anche un elisoccorso in paese.

Interview mit dem Bürgermeister und Initiator Marco Corrias

Wie sieht Ihre Vision genau aus?
Einst zählte das Dorf 4500 Einwohner, jetzt sind es noch 3000. Viele Wohnungen sind unbewohnt und 500 Häuser baufällig. Wir möchten die Häuser renovieren und pensionierten Italienern der oberen Mittelschicht oder solchen aus Nordeuropa ein Gesamtpaket anbieten für ihr Leben im Ruhestand. Das Projekt wird Happy Village heißen.

Happy Village wird demnach eine Altersresidenz für Pensionierte von überallher sein?
Genau. Wir denken an ein schlüsselfertiges Paket, sodass der Neuankömmling über das milde Klima hinaus prestigeträchtige Wohnanlagen vorfinden wird, genossenschaftliche Betriebe, die zahllose Dienstleistungen erbringen können, Transportmittel nach Maß, ausgezeichnete Gastronomie in unmittelbarer Nähe und außerdem die Möglichkeit, zusammen mit den Lieben längere Ferienperioden in Häusern mit gehobener Ausstattung zu verbringen.

Was sollen denn die Pakete genau beinhalten?
Das Haus oder die Wohnung schick hergerichtet, sodass maximal 4 Personen untergebracht werden können, Reinigungsservice, Gratistransporte, eine Art Halbpension, das heißt Essensgutscheine von lokalen Restaurants für Mittag- oder Abendessen. Dann soll es ein Gesundheitsüberwachungssystem geben. Jede Wohnung wird mit einem medizinischen Servicecenter verbunden sein, sodass, sollte nachts etwas passieren, man nur einen Knopf zu drücken braucht. Die Betreuung wird rund um die Uhr garantiert sein, durch Allgemeinärzte, die jederzeit einschreiten können, und durch Alarmsysteme in den Zimmern, die mit Spezialkliniken verbunden sind. Wir werden auch einen Rettungshelikopter im Dorf stationieren.

E come si potranno muovere i vostri ospiti?
Prevediamo un'organizzazione personalizzata casa per casa, con pullmini a costante disposizione per andare al mare, uscire la sera, organizzare una giornata di shopping a Oristano oppure una gita tra i resti archeologici del Sinis.

Come potranno trascorrere le giornate?
Sicuramente non si annoieranno. Questa era una terra di miniera e di pastori, quindi abbiamo spazi in campagna e chilometri di costa dove passeggiare. È un paradiso per chi ama il mare fuori stagione, per chi ama andare a pescare e non ha rinunciato a mangiare i ricci sulla riva a gennaio, per chi vuole sdraiarsi in spiaggia a non far nulla e a prendere il sole. Ma anche per quelli che hanno la passione di andare a funghi, raccogliere asparagi selvatici, camminare, fare yoga in un contesto di natura. E per chi ha voglia di andare al cinema, a teatro, all'opera senza lo stress del parcheggio. Ma non è finita qui. Ci sono le escursioni nelle cantine vinicole, le gite archeologiche, la lunga estate magica nelle nostre magnifiche calette. L'Iglesiente è un territorio straordinario e facilmente raggiungibile, si trova a poco più di un'ora da Cagliari, dall'aeroporto di Elmas, dall'isola di Carloforte o dalle dune di Piscinas, uno dei deserti naturali più grandi d'Europa dove i bagni di sole si fanno anche a dicembre inoltrato. E tutto questo in estrema tranquillità, niente delinquenza, criminalità, violenza, risse.

Come si immagina l'integrazione degli ospiti con gli abitanti?
C'è una comunità accogliente e cordiale, se vai al bar anche se non ti conoscono ti offrono il caffè e ti chiedono tranquillamente da dove vieni, e così si inizia

Und wie werden sich die Gäste bewegen können?
Wir denken an einen persönlichen Dienst für jedes Haus, mit Minibus zur ständigen Verfügung, um ans Meer zu fahren, abends auszugehen, einen Tag in Oristano zu shoppen oder auch einen Ausflug zu den Ruinen von Sinis zu unternehmen.

Wie kann man hier die Tage verbringen?
Man wird sich sicherlich nicht langweilen. In dieser Gegend wurde Bergbau betrieben und es gab schon immer Hirten, deshalb kann man sowohl im Landesinneren als auch entlang der Küste ausgiebig spazieren gehen. Es ist ein Paradies für den, der das Meer auch außerhalb der Saison liebt, der gerne fischt und nicht darauf verzichten möchte, im Januar am Meeresufer Seeigel zu verspeisen, oder für den, der sich am Strand hinlegen und nichts tun, nur die Sonne genießen will. Aber auch für diejenigen, die gerne in die Pilze gehen, wilden Spargel pflücken, wandern, Yoga in der Natur machen wollen. Und für alle, die Lust auf Kino haben, auf Theater oder auf die Oper, ohne den ganzen Parkplatzstress. Doch das ist noch nicht alles. Es gibt Exkursionen in die Weinkeller, archäologische Führungen, den langen zauberhaften Sommer in unseren großartigen kleinen Badebuchten. Das Iglesiente ist ein außerordentliches und leicht zugängliches Gebiet, etwas mehr als eine Stunde vom Flughafen Elmas in Cagliari entfernt oder von der Insel Carloforte oder den Dünen von Piscinas. Letztere sind eine der größten natürlichen Wüsten Europas, wo man sogar Ende Dezember noch ein Sonnenbad nehmen kann. Und all das in äußerster Ruhe, ohne Straftaten, Kriminalität, Gewalt, Schlägereien.

Wie stellen Sie sich die Integration der Gäste bei den Einheimischen vor?
Die Leute hier sind sehr offen und herzlich, wenn du in eine Bar gehst, bieten sie dir einen Kaffee an, auch wenn sie dich nicht kennen, und fragen dich seelenruhig, woher du kommst.

a chiacchierare, ad allacciare relazioni, a diventare amici …

Be' sicuramente un bel modo di andare in pensione!
L'aspetto più interessante è che qui si viene in pensione non per aspettare la fine, ma per un nuovo inizio, in un luogo dove si continua a vivere, si viene accolti, coccolati da una comunità in un contesto unico, in una casa di proprietà in cui alloggiare con famiglia e amici. Non resta che godersi il resto della vita. A un'ora e mezza di distanza c'è un aeroporto, se si vuol andare a NY non c'è nulla che lo impedisca, si va e poi si torna, facilissimo. Un'eterna vacanza. In più i parenti, figli e nipoti possono venire a trovare genitori e nonni e fare le vacanze insieme a loro.

Quest'idea non è solo ottima per gli ospiti ma crea anche un valore aggiunto per gli abitanti di Fluminimaggiore, vero?
La cosa che ci preme è che quello che noi guadagniamo da questa attività verrà poi distribuito alla popolazione locale. L'affluenza di questi nuovi ospiti metterà in moto un circolo virtuoso per i nostri giovani. All'esterno del pacchetto offriremo anche altri servizi come fisioterapie, massaggi, terme, abbonamento alla stagione lirica a Cagliari, lettino e ombrellone sulla spiaggia. Tutti questi servizi saranno a disposizione della nostra popolazione anziana, per esempio i trasporti, gli ospiti li pagheranno all'interno della retta mensile, ma per gli anziani autoctoni saranno gratuiti …

Chi ha più disponibilità economica verrà coccolato, e con il ricavato di questa attività la cooperativa della comunità aiuterà i meno abbienti. Il nostro paese è poverissimo

So fängt man an zu plaudern, Bekanntschaften zu machen, Freunde zu werden …

Wahrlich eine schöne Art, in Rente zu gehen!
Das Interessante daran ist, dass man sich hier nicht in Rente begibt, um auf das Ende zu warten, sondern für einen Neuanfang an einem Ort, wo das Leben weitergeht. Man wird empfangen, umsorgt von einer Gemeinschaft in einem einzigartigen Umfeld, in einer eigenen Wohnung, wo man mit der Familie und Freunden wohnen kann. Man muss sich nicht mehr anstrengen, darf den Rest des Lebens einfach genießen. 90 Minuten entfernt gibt es einen Flughafen, wenn man nach New York möchte, steht dem nichts im Wege, man fährt hin und kehrt wieder zurück, nichts einfacher als das. Ewige Ferien. Darüber hinaus können Verwandte, Kinder und Enkel zu Besuch kommen und die Ferien mit den Eltern oder Großeltern zusammen verbringen.

Diese Idee ist nicht nur optimal für die Gäste, sondern schafft auch einen Mehrwert für die Einwohner von Fluminimaggiore, oder?
Es liegt uns viel daran, dass das, was wir mit dem Projekt verdienen, an die lokale Bevölkerung weitergegeben wird. Der Zustrom dieser neuen Gäste wird einen *Circulus virtuosus* für unsere Jugend in Bewegung setzen. Außerhalb des Paketes bieten wir weitere Dienstleistungen an wie Physiotherapie, Massagen, Bäder, Abos für die Opernsaison in Cagliari, Liegestühle und Sonnenschirme am Strand. Alle diese Dienstleistungen werden unseren Betagten zur Verfügung stehen. Die jeweiligen Kosten, zum Beispiel für die Transporte, werden die Gäste innerhalb ihrer Monatsmiete begleichen, aber für die alteingesessenen Alten wird alles gratis sein.

Wer vermögender ist, wird sich mehr verwöhnen lassen, und mit dem Erlös aus diesen Dienstleistungen wird die Gemeinde den Ärmeren helfen. Ökonomisch betrachtet ist unser Dorf

da un punto di vista economico, facciamo tutto questo per poter dare lavoro ai giovani che così non dovranno più andarsene. Quando si ristruttureranno le case, ci sarà bisogno di muratori, di imprese edili, artigiani, di negozi in cui rifornirsi. Inoltre, per i servizi per gli ospiti, serviranno massaggiatori, autisti, cuochi, accompagnatori, addetti alle pulizie, idraulici e artigiani per la manutenzione delle case, giardinieri ecc. E non smetteremo di avere nuove idee, la nostra offerta diventerà sempre più ricca.

A Marco brillano gli occhi.

Io voglio prenotarmi un posto in questo paradiso. Poi gli chiedo: « Ma è un'utopia o riuscirete a realizzare tutti i vostri propositi? » Mi guarda, mi sorride e con uno sguardo che sprizza sicurezza e in cui intravedo quella meravigliosa testardaggine tutta sarda per cui gli abitanti dell'isola sono famosi, mi risponde: « È un'utopia che stiamo realizzando. I lavori di ristrutturazione sulle prime case stanno già cominciando. » Mi guardo intorno, è una visione invitante: l'idea di trascorrere i miei anni da pensionata in questo luogo meraviglioso mi conquista. Poso lo sguardo sul mare e sogno.

sehr arm, wir machen das alles, um den Jungen Arbeit zu verschaffen, damit sie nicht mehr weggehen müssen. Um die Häuser instand zu setzen, werden Maurer, Bauunternehmen, Handwerker und Einrichtungsgeschäfte vonnöten sein. Für die Dienstleistungen für die Gäste braucht es Masseure, Chauffeure, Köche, Begleitpersonen, Reinigungspersonal, Klempner und Handwerker für die Instandhaltung der Häuser, Gärtner und so weiter. Und wir werden nicht aufhören, neue Ideen zu entwickeln, unser Angebot wird immer größer werden.

Marco bekommt glänzende Äuglein.

Ich möchte mir einen Platz in diesem Paradies reservieren. Ich frage ihn: « Ist das nun eine Utopie oder könnt ihr alle eure Vorhaben realisieren? » Er schaut mich an, lacht und mit einem Blick voller Gewissheit, in dem ich jene wunderbare sardische Dickköpfigkeit ausmache, für die die Einwohner der Insel berühmt sind, antwortet er mir: « Es ist eine Utopie, an deren Umsetzung wir arbeiten. Die Renovierungsarbeiten der ersten Häuser fangen gerade an. » Ich schaue mich um, es ist eine einladende Vision: Die Vorstellung, meine Rentnerjahre an diesem wunderschönen Ort zu verbringen, ergreift Besitz von mir. Ich lasse meinen Blick übers Meer schweifen und träume vor mich hin.

Il Tibet in Toscana

Se fino a qualche decennio fa l'Italia rappresentava nell'immaginario collettivo il paese cattolico per eccellenza, oggi le cose anche nel Belpaese sono cambiate.

La popolazione sta diventando sempre più multietnica, l'immigrazione da diverse parti del mondo è massiccia. Naturalmente questi «nuovi italiani» portano con sé il loro bagaglio culturale e la loro fede. Da qui deriva un pluralismo religioso che per l'Italia è una novità relativamente recente. Secondo una ricerca del 2020 condotta dal Centro Studi sulle Nuove Religioni (CESNUR) in Italia esistono ben 866 minoranze religiose e spirituali rappresentate in modo organizzato. Le presenze non cattoliche arrivano a più di sei milioni considerando italiani e immigrati (gli italiani da soli superano i 2 milioni). Si stima, sempre secondo questo studio, che nel 2020 tra cittadini italiani e stranieri residenti ci siano circa 2,2 milioni di musulmani, 1,8 milioni di cristiani ortodossi, 332 000 buddisti, 210 000 induisti e 20 000 sikh. Mentre per quasi tutte queste religioni i fedeli sono in grandissima prevalenza immigrati – ad esempio alla chiesa ortodossa aderiscono essenzialmente i rumeni che rappresentano circa il 22,8% dell'intera popolazione degli stranieri in Italia – il buddismo è un caso a sé stante, infatti dei 332 000 buddisti circa due terzi sono sorprendentemente italiani.

Gli italiani, infatti, nel loro bisogno di spiritualità, si sono innamorati di questa fede tanto lontana e hanno saputo portarsela più vicina. Forse non tutti gli appassionati della Toscana, per cui quella regione sembra non avere più nessun mistero, sanno che tra le sue famose colline si nasconde un luogo di raccoglimento, di preghie-

TIBET IN DER TOSKANA

Galt Italien noch vor ein paar Jahrzehnten als das katholische Land par excellence, so hat sich das in Bella Italia inzwischen geändert.

Italien wird immer mehr zum Vielvölkerstaat, die Zahl der Einwanderer wächst massiv, sie kommen von überall auf der Welt. Natürlich bringen diese «neuen Italiener» ihren kulturellen Hintergrund und ihren Glauben mit, daher wird in letzter Zeit die religiöse Vielfalt in Italien immer größer. Gemäß einer Untersuchung des Studienzentrums für neue Religionen (CESNUR[6]) aus dem Jahr 2020 gibt es in Italien gut 866 organisierte religiöse und spirituelle Minderheiten. Zählt man die Anhänger nicht katholischer Gruppierungen, kommt man auf über 6 Millionen, Italiener und Immigranten zusammengenommen (allein die Italiener machen schon mehr als 2 Millionen aus). Laut der erwähnten Studie sind im Jahr 2020 unter den italienischen Bürgern und den ausländischen Einwohnern zirka 2,2 Millionen Muslime, 1,8 Millionen orthodoxe Christen, 332 000 Buddhisten, 210 000 Hindus und 20 000 Sikhs. Unter den Anhängern fast aller genannten Religionen überwiegen die Immigranten bei weitem – zum Beispiel gehören der orthodoxen Kirche hauptsächlich Rumänen an, die ungefähr 22,8 Prozent der ausländischen Bevölkerung in Italien ausmachen –, der Buddhismus hingegen steht für sich. Überraschenderweise sind von 332 000 Buddhisten ungefähr zwei Drittel Italiener.

In der Tat haben sich die Italiener in ihrem Bedürfnis nach Spiritualität in diese so ferne Religion verliebt und haben es geschafft, sie näher heranzuholen. Wahrscheinlich wissen die wenigsten Fans der Toskana, für die diese Region vermeintlich kein Geheimnis mehr birgt, dass sich zwischen den berühmten Hügeln ein Ort für Zusammenkünfte, Gebete und Meditation

ra e di meditazione. Venite con me e lasciatevi stupire: vi condurrò in un angolo di Tibet in Italia.

Tra le Colline Pisane, sulla strada che porta al borgo di Santa Luce, a Pomaia, tra campi e prati, a un certo punto si intravede una costruzione. Sembra un castello medioevale, ma è una villa padronale di fine Ottocento. Ha un'alta torre merlata ed è avvolta da una grande aura di pace. Da vicino si capisce che il luogo ha davvero ben poco di toscano e che siamo invece in un altro angolo di mondo. Statue di Buddha e di lama, tangka, stupa, ruote di preghiere, tutto incorniciato e movimentato da bandiere di preghiera multicolori che svolazzano ovunque e da placidi gattoni che passeggiano nella corte. La villa toscana, appartenuta a un'antica famiglia di Firenze, è da oltre 40 anni sede di uno dei più importanti centri buddisti europei, l'Istituto Lama Tzong Khapa, fondato nel 1976. Dal 1982 inoltre è diventata una scuola internazionale di studi e pratica buddisti. Qui vivono due Maestri tibetani, Gesche Tenzin Tempel e Gesche Jampa Gelek, e poi monaci e monache. Sono loro ad accogliere le persone di ogni età, nazionalità ed estrazione sociale che vengono qui ad approfondire la comprensione dell'insegnamento di Buddha e della propria natura interiore o semplicemente per godersi un po' di pace. Nell'istituto, infatti, si tengono corsi anche per chi non è né vuole diventare buddista, quindi seminari di meditazione, yoga, mindfulness a cui si possono abbinare gite nelle vicinanze (Pomaia dista 40 km da Pisa, circa 50 da Volterra e San Gimignano e solo 25 dal mare di Livorno, la città celebre per il suo cacciucco, la famosa e imperdibile zuppa di pesce).

Il Dalai Lama, cittadino onorario di Pisa, è stato ospite dell'Istituto in diverse occasioni.

befindet. Folgen Sie mir und lassen Sie sich überraschen: Ich führe Sie in ein kleines Fleckchen Tibet.

Mitten in den Hügeln von Pisa, an der Straße, die zu den Dörfern Santa Luce und Pomaia führt, erblickt man zwischen Feldern und Wiesen plötzlich einen Gebäudekomplex. Er sieht aus wie ein mittelalterliches Schloss, aber es ist eine Herrschaftsvilla, die Ende des 19. Jahrhunderts gebaut worden ist. Sie hat einen von Zinnen gekrönten Turm und ist umgeben von einer Aura des Friedens. Von Nahem begreift man, dass der Ort gar nicht typisch toskanisch ist, sondern dass wir in einen anderen Winkel der Welt gelangt sind. Buddhastatuen, Lamastatuen, Thangkas[7], ein Stupa, Gebetsmühlen, alles reich verziert. Überall wehen bunte Gebetsfahnen und wohlgenährte Katzen spazieren über den Hof. Die Villa gehörte einer alteingesessenen Florentiner Familie, und seit über vierzig Jahren hat hier eines der wichtigsten buddhistischen Zentren Europas seinen Sitz, das 1976 gegründete Lama Tsongkhapa-Institut. Seit 1982 ist es auch eine internationale Schule für buddhistische Theorie und Praxis. Hier leben zwei tibetanische Meister, Geshe Tenzin Tempel und Geshe Jampa Gelek, sowie Mönche und Nonnen. Letztere nehmen die Menschen in Empfang, die hierherkommen, um ihr Verständnis der Lehren Buddhas und der eigenen Innenwelt zu vertiefen oder einfach nur ein wenig Ruhe zu finden, Menschen jeden Alters, jeder Nationalität und jeder sozialen Schicht. Im Institut werden auch Kurse abgehalten für diejenigen, die weder Buddhisten sind noch es werden wollen, also Meditations-, Yoga- und Achtsamkeitsseminare, die man zusammen mit Ausflügen in die Umgebung buchen kann. (Pomaia ist 40 km von Pisa entfernt, ca. 50 km von Volterra und San Gimignano und nur 25 km von Livorno, das berühmt ist für seine unverzichtbare Fischsuppe, den Cacciucco).

Der Dalai Lama ist Ehrenbürger von Pisa und er war schon ein paar Mal zu Gast in diesem Institut.

Cenresig

Nel prato bianco di brina sento il vento gelido delle sei del mattino raschiarmi la pelle. Sono in piedi, immobile, senza pensieri, assorta nella contemplazione della statua di fronte a me. È Cenresig, il Buddha della compassione: è alta otto metri, e ha quattro mani. Anche lei è imbiancata dalla brina, e da lassù sorride al gattone fulvo che si struscia facendo le fusa alla base del suo piedistallo.

Mi trovo tra le colline toscane, quelle che si vedono sulle cartoline con l'immancabile casolare e il filare di cipressi. Qui però al posto del casolare si erge un castello e a sostituire i cipressi ci sono gli ulivi. In alto, per aria, corrono fili tesi pieni di bandierine colorate. E poi, naturalmente, c'è il Buddha. L'istituto Lama Tzong Kapa a Pomaia è un fazzoletto di terra tibetana trapiantato in Toscana. È un mondo di pace, bellezza, concentrazione, riflessione e spiritualità popolato di Buddha dorati, bianchi stupa (i reliquiari in cui si conservano gli oggetti sacri), bandiere e ruote di preghiera. È un mondo a parte, reso vivo dall'energia dei monaci, dai buoni sentimenti e dalle buone intenzioni di centinaia di persone, per la maggioranza italiane, che intonano mantra, pregano e si riuniscono in nome dell'amore.

Qui, lontani dai vortici delle proprie vite, è più facile darsi tregua, separarsi dai pensieri, i progetti, i rimpianti e riuscire a essere appieno nel presente. Esattamente quello che sto facendo io in questo momento davanti alla grande statua del Buddha che ora ha smesso di sorridere al gatto e sorride rivolta a me.

« Ti piace la nostra statua di Cenresig? »

La voce mi fa trasalire, risalgo lenta dalle profondità in cui mi sono persa. Mi volto di scatto. È una monaca a

Chenrezig

Auf der raureifweißen Wiese streicht um sechs Uhr früh ein eisiger Wind über meine Haut. Ich stehe aufrecht und gedankenverloren da, versunken in die Betrachtung der Statue vor mir, die rund acht Meter hoch ist. Es handelt sich um Chenrezig, den Buddha des Mitgefühls. Er hat vier Hände. Auch er ist mit Raureif weiß überzogen und er lächelt von oben auf den rotblonden Kater herab, der schnurrend um den Sockel der Statue herumstreicht.

Ich bin in den toskanischen Hügeln, die man von Ansichtskarten kennt, mit abgelegenen Landhäusern und den unvermeidlichen Zypressenalleen. Aber hier erhebt sich anstelle des Landhauses ein Schloss und Olivenbäume ersetzen die Zypressen. Hoch oben in der Luft sind Fäden mit farbigen Gebetsfähnchen gespannt. Und dann ist da natürlich der Buddha. Das Tsongkhapa-Institut in Pomaia ist ein taschentuchgroßes Fleckchen tibetanischen Bodens, verpflanzt in die Toskana. Es ist eine Welt voller Frieden, Schönheit, Konzentration, Denken und Spiritualität, bevölkert mit goldenen Buddhas, weißen Stupas (Reliquienschreine, in denen heilige Objekte aufbewahrt werden), Fahnen und Gebetsmühlen. Es ist eine abseitige Welt, belebt durch die Energie der Mönche, der guten Gefühle und guten Absichten von Hunderten Menschen, überwiegend Italiener, die Mantras aufsagen, beten und sich im Namen der Liebe zusammenfinden.

Hier, weit weg vom Gewusel des eigenen Lebens, ist es einfacher, innezuhalten, sich von seinen Gedanken, Projekten, Sehnsüchten zu verabschieden und voll und ganz in der Gegenwart zu sein. Genau das bin ich in diesem Moment vor der großen Buddhastatue, die jetzt aufgehört hat, dem Kater zuzulächeln, sich mir zuwendet und schmunzelt.

«Gefällt dir unsere Chenrezig-Statue?»

Die Stimme lässt mich zusammenfahren, langsam tauche ich auf aus der Tiefe, in der ich mich verloren hatte. Abrupt drehe

parlare, italiana, mi colpisce subito il suo sorriso aperto e simpatico.

« È bellissima », rispondo.

« Beh, non potrebbe essere altrimenti, è la manifestazione illuminata della compassione del Buddha ! », dice ridendo.

« Perché ha quattro mani ? », chiedo piena di voglia di sapere.

« Guarda ... Due si congiungono al cuore dove custodiscono il gioiello che esaudisce i desideri. Soprattutto il desiderio che gli esseri migratori non soffrano più. »

« Esseri migratori? »

« Sì, siamo noi, uomini e animali che migriamo da una vita all'altra. »

Mi vedo improvvisamente racchiusa nel corpo di un'anatra che in autunno vola in uno stormo verso sud. O forse mi vedo semplicemente in volo che migro da una vita all'altra. Mi invade una forte sensazione di libertà ... mista a paura ...

Fortunatamente la monaca continua interrompendo il mio volo:

« L'altra mano destra regge una mala di cristallo per ricordarci di recitare il mantra ‹OM MANI PADME HUM›, che agisce sulle emozioni distruttive degli esseri viventi – l'odio, la rabbia, l'invidia – e le purifica. L'altra sinistra regge invece un fiore di loto che rappresenta la purezza. »

« Resterei a guardarla per ore ... »

« Forse non sai che questa statua ha una storia tutta speciale ... »

Mentre la monaca parla sento la campana suonare, è il richiamo per quelli che devono cominciare a fare meditazione.

« Scusa, ora devo andare, comincia la meditazione ... mi dispiace, spero di rivederti ... » Mi accomiato frettolosa.

ich mich um. Eine Nonne hat mich angesprochen, Italienerin, ihr offenes, sympathisches Lächeln trifft mich unvermittelt.

« Sie ist sehr schön », antworte ich.

« Sie könnte gar nicht anders sein, sie ist die erleuchtete Verkörperung von Buddhas Mitgefühl ! », sagt sie und lacht.

« Warum hat sie vier Hände ? », frage ich voller Wissensdurst.

« Schau mal … zwei verschränken sich über dem Herzen, wo sie den Juwel bewachen, der die Wünsche erfüllt. Vor allem den Wunsch, dass die Wanderwesen nicht mehr leiden müssen. »

« Wanderwesen ? »

« Ja, das sind wir, Menschen und Tiere, die von einem Leben ins andere wandern. »

Ich sehe mich plötzlich eingeschlossen in den Körper einer Gans, die im Herbst in einem Schwarm nach Süden fliegt. Oder vielleicht sehe ich einfach nur, wie ich von einem Leben ins andere fliege. Mich überkommt ein starkes Gefühl von Freiheit … gemischt mit Angst …

Glücklicherweise unterbricht die Nonne meinen Flug und spricht weiter :

« Die andere rechte Hand hält eine Gebetskette aus Kristall und soll uns daran erinnern, das Mantra ‹ OM MANI PADME UM › aufzusagen. Es handelt von den zerstörerischen Gefühlen von uns Lebewesen – Hass, Zorn und Neid – und befreit uns davon. Die zweite linke Hand hält eine Lotusblume hoch, welche die Reinheit verkörpert. »

« Ich könnte die Statue noch stundenlang betrachten … »

« Vielleicht weißt du nicht, dass diese Statue eine ganz spezielle Geschichte hat … »

Während des Gesprächs höre ich die Glocke läuten, sie ruft diejenigen, die jetzt meditieren möchten.

« Entschuldige, nun muss ich gehen, die Meditation beginnt … tut mir leid, ich hoffe, wir sehen uns wieder … » Ich verabschiede mich eilig von ihr.

Il gompa, il tempio dove ci si incontra per meditare, mi avvolge nel mare dei suoi colori. La parete centrale è piena di statue di bodhisattva con il berretto giallo, simbolo della tradizione Gelupa fondata dal lama tibetano Tzong Khapa da cui prende nome il centro. Davanti c'è il trono su cui siedono i lama per donare i loro insegnamenti. E poi ci siamo tutti noi, seduti a occhi chiusi e gambe incrociate sui nostri tappetini da meditazione.

« E ora, tenendo gli occhi semichiusi, concentratevi sul vostro respiro. Immaginate di inspirare dentro di voi una luce bianca positiva ed espirare un fumo nero che porta via tutta la negatività ». Così ci raccomanda la monaca che guida la meditazione. Ci provo, ma non appena riesco a raggiungere una parvenza di concentrazione e inizio a visualizzare la luce bianca e il fumo nero, dentro a questo vedo sfilare dal mio naso tutte le persone che non sopporto. C'è la capa prepotente, l'ex fidanzato egoista, la portinaia scorbutica, il vicino dark che tiene la musica a tutto volume la notte, la collega invidiosa e così via. E per di più, mi appaiono tutti brutti, come deformati da specchi concavi e convessi. Sono impegnatissimi a tentare di risalire la corrente del mio respiro nero che li vuole espellere, si aggrappano gli uni agli altri per non precipitare giù dal mio naso. Capisco che lottano per rimanere nella mia mente, per farmi arrabbiare ogni volta che li penso.

Mi viene da ridere e, senza farmi vedere, effettivamente rido dei miei goffi tentativi di concentrazione. Riapro gli occhi per un secondo e noto che una tipa vicino a me armeggia col telefonino. Non ci posso credere ! Sta mandando un messaggio … !

Pazienza la mia mente che visualizza cose assurde, ma addirittura mettersi a usare il telefonino durante la meditazione ! Mi sembra proprio esagerato ! Noi italiani non ci

Der Gompa, so heißt der Tempel, wo man sich zur Meditation zusammenfindet, umhüllt mich mit seinem Farbenmeer. Die zentrale Wand ist voller Bodhisattwa[8]-Statuen mit gelber Kappe, dem Symbol der Gelugpa-Tradition[9], gegründet vom tibetanischen Lama Tsongkhapa, nach dem dieses Zentrum benannt ist. Davor steht der Thron, auf welchem die Lamas sitzen, um ihre Lehren zu erteilen. Und davor sitzen wir alle mit geschlossenen Augen und gekreuzten Beinen auf unseren kleinen Gebetsteppichen.

«Und jetzt konzentriert euch mit halbgeschlossenen Augen auf euren Atem. Stellt euch vor, ihr atmet weißes, positives Licht ein und atmet schwarzen Rauch aus, der alles Negative mitnimmt.» Das legt uns die Nonne, die die Meditation anleitet, ans Herz. Ich versuche es und als ich mich einigermaßen konzentrieren kann und beginne, mir das weiße Licht und den schwarzen Rauch bildlich vorzustellen, sehe ich in Letzterem all die Menschen aus meiner Nase abdampfen, die ich nicht ausstehen kann. Da sind die rechthaberische Chefin, mein egoistischer Ex-Freund, die mürrische Hausmeisterin, der Grufti von Nachbar, bei dem die ganze Nacht Musik in voller Lautstärke läuft, die neidische Arbeitskollegin … und so weiter. Und zu allem Überdruss sind sie alle hässlich, wie durch konkave oder konvexe Spiegel verzerrt. Sie versuchen mit aller Kraft, auf dem Strom meines schwarzen Atems, der sie ausscheiden will, wieder hochzukommen, sie klammern sich aneinander, um nicht von meiner Nase herunterzufallen. Mir wird klar, dass sie darum kämpfen, in meinem Gedächtnis zu bleiben, damit ich mich jedes Mal ärgere, wenn ich an sie denke.

Ich muss lachen, und ohne mir etwas anmerken zu lassen, lache ich eigentlich über meine unbeholfenen Konzentrationsversuche. Für eine Sekunde öffne ich die Augen und bemerke, dass eine Frau neben mir an ihrem Handy herumfummelt. Ich kann es nicht glauben! Sie versendet eine SMS …!

Mein Hirn, das merkwürdige Dinge fantasiert, ist gar nichts im Vergleich zu der Dreistigkeit, während der Meditation ein Handy zu benutzen! Das ist wirklich daneben! Italiener beschei-

smentiamo mai, anche qui in questo fazzoletto di Tibet !, commento stizzita dentro di me scuotendo la testa a occhi chiusi.

« Su, su … continua a meditare, non badare a quello che fanno gli altri ! » Una voce soave mi riprende con dolcezza e con mia grande sorpresa vedo davanti a me l'enorme statua di Cenresig. Incredibile ! Dall'alto dei suoi otto metri di altezza è tornata a sorridermi.

« Beh, però, non siamo mica qui per mandare messaggi ! Manca solo che ci mettiamo a fare i selfie in gompa ! », ribatto forse in modo un po' troppo impertinente.

« Selfie ? » Cenresig mi guarda stranita. È evidente che non ha capito di cosa parlo e, d'altronde, come potrebbe ? Mi rendo conto che lei viene da un altro tempo, quindi lascio perdere.

Riprendo a meditare e la statua è nitida davanti ai miei occhi nei suoi colori sgargianti : rosso, blu, azzurro e oro. Non so cosa fare, o meglio, prima ancora che me ne renda conto il mio spirito di insopportabile-giornalista-curiosa la sta già tempestando di domande. « Da quanto tempo sei in Toscana, come ti trovi, cosa pensi degli italiani ? Ti manca il Tibet ? » Davanti alla mia insistenza Cenresig non si scompone e con la famosa calma buddista mi risponde. « Oggi sono in questo luogo meraviglioso tra le colline toscane. Contemplo l'alternarsi delle stagioni e le vite di voi esseri umani con gli occhi della compassione. Ma sono nata altrove, nel caldo soffocante di Ouarzazate, una cittadina del Marocco. »

« In Marocco ? » Che stranezza penso, il Marocco è musulmano, non buddista …

« Mi hanno scolpita a immagine di Cenresig, mi hanno plasmata, levigata e dipinta d'oro. E poi mi hanno portata nel deserto dove, collocata nella sabbia rossa, riflettevo la luce e brillavo come il sole. »

ßen nie, auch nicht in diesem Taschentuch-Tibet!, kommentiere ich innerlich aufgebracht und schüttle den Kopf mit geschlossenen Augen.

«Los, los … mach weiter mit der Meditation, achte nicht auf die anderen!», holt mich eine sanfte Stimme zurück, und zu meiner großen Überraschung sehe ich vor mir den gigantischen Chenrezig. Unglaublich! Er lächelt aus seinen acht Metern Höhe zu mir hinunter.

«Hör mal, wir sind nicht hier, um SMS zu verschicken! Fehlt nur noch, dass wir anfangen, im Gompa Selfies zu machen», entgegne ich, vielleicht ein bisschen zu vorlaut.

«Selfies?» Chenrezig schaut mich verwirrt an. Offensichtlich hat er nicht verstanden, wovon ich spreche, wie könnte er auch. Mir wird bewusst, dass er aus einer anderen Zeit kommt, und ich lass es lieber.

Ich meditiere von Neuem, vor meinen Augen klar und deutlich Chenrezig in seinen lebhaften Farben: rot, blau, himmelblau und golden. Ich weiß nicht weiter, oder besser, bevor ich das realisiere, bedrängt mein unerträglich neugieriger Journalistinnen-Verstand ihn mit Fragen: «Seit wann bist du in der Toskana, wie geht es dir hier, was hältst du von den Italienern? Fehlt dir Tibet?» Mein Fragenbombardement bringt Chenrezig nicht aus der Fassung, und er antwortet mir mit der berühmten buddhistischen Gelassenheit. «Zurzeit befinde ich mich an diesem wunderbaren Ort in den toskanischen Hügeln. Ich beobachte das Kommen und Gehen der Jahreszeiten und die Lebensweise von euch Menschen mit den Augen des Mitgefühls. Aber ich bin anderswo geboren, in der drückenden Hitze von Quarzazate, einer kleinen Stadt in Marokko.»

«In Marokko?» Das ist seltsam, denke ich, Marokko ist muslimisch, nicht buddhistisch …

«Sie haben mich, die Statue, nach dem Bild des Chenrezig gestaltet, haben mir die Form gegeben, mich abgeschliffen, poliert und golden bemalt, dann haben sie mich in die Wüste gebracht, wo ich im roten Sand das Licht reflektierte und leuchtete wie die Sonne.»

«Ma scusa, cosa ci facevi nel deserto?» Mi viene il grande dubbio che Cenresig mi stia prendendo in giro. Poi mi tranquillizzo, non mi pare concepibile che l'incarnazione della Compassione faccia queste cose.

«Sono stata creata per il film di Martin Scorsese, *Kundun*, che raccontava la storia di Sua Santità il Dalai Lama».

«Wow ...! È pazzesco! Ma allora sei una statua vip!!!», esclamo compiaciuta.

«Vip?» Mi guarda di nuovo stranita e, per la seconda volta, capisco che è meglio lasciar perdere.

«E come mai proprio in Marocco, scusa?» Non desisto, voglio sapere.

«Le autorità cinesi non hanno dato il permesso di girare in Tibet, quindi il Tibet è stato ricostruito in Marocco ...»

«Ah ... Ma poi come sei finita qui?»

«Come spesso accade nel mondo del samsara, il mondo terreno in cui tutto cambia, alla fine delle riprese del film sono stata dimenticata.»

Cenresig fa una pausa di riflessione. Mi sembra di cogliere in lei un filo di delusione, ma in realtà credo che la delusione sia mia e non sua.

La statua continua:

«Non c'era che il vento caldo e i granelli di sabbia a farmi compagnia. Ogni tanto veniva qualche serpente o qualche volpe del deserto che si ristoravano al fresco della mia ombra. Mi sarebbe piaciuto poter essere ancora d'aiuto anche se, in quelle condizioni, il mio oro sbiadiva e si scrostava, e il mio stesso corpo cominciava a sgretolarsi.»

«Oh, mi dispiace davvero Cenresig ...», mi sorprendo a dire. Sto usando lo stesso tono di quando parlo a un'amica abbandonata dal fidanzato ... Ma si può avere compassione della Compassione?

« Was hast du denn in der Wüste gemacht? » Ich habe den Verdacht, dass Chenrezig mich an der Nase herumführt. Dann beruhige ich mich, es scheint mir unwahrscheinlich, dass die Inkarnation des Mitgefühls sowas macht.

« Ich wurde geschaffen für den Film *Kundun* von Martin Scorsese, der die Geschichte seiner Heiligkeit des Dalai Lama erzählt. »

« Wow … ! Das ist verrückt ! Dann bist du eine VIP-Statue ! ! ! », rufe ich erfreut aus.

« VIP? » Er schaut mich schon wieder verwirrt an und zum zweiten Mal kapiere ich, dass ich besser das Thema wechsle.

« Entschuldige, aber warum gerade in Marokko? » Ich gebe nicht so schnell auf, ich will es wissen.

« Der chinesische Staat hat keine Dreherlaubnis für Tibet gegeben, deshalb wurde Tibet in Marokko nachgebaut … »

« Aha … aber wie bist du hier gelandet? »

« Wie es oft vorkommt in der Welt des Samshara, der irdischen Welt, wo sich immer alles verändert, haben sie mich nach Beendigung der Dreharbeiten vergessen. »

Chenrezig macht eine Pause und denkt nach. Ich meine, an ihm einen Hauch von Enttäuschung zu erkennen, aber vermutlich ist es in Wirklichkeit meine Enttäuschung und nicht seine.

Die Statue fährt fort:

« Nur der heiße Wind und die Sandkörner leisteten mir Gesellschaft. Hie und da kam eine Schlange vorbei oder ein Wüstenfuchs, um sich in meinem Schatten zu erholen. Es hätte mir gefallen, weiterhin von Nutzen sein zu können, auch wenn unter den dortigen Bedingungen mein Gold verblich und abblätterte, mein ganzer Körper zu zerbröckeln anfing. »

« O, das tut mir echt leid, Chenrezig … », höre ich mich unvermutet sagen, im gleichen Tonfall, in dem ich mit einer Freundin spreche, die gerade verlassen worden ist. Aber kann man Mitleid haben mit dem Mitgefühl?

Cenresig continua senza un filo di tristezza o delusione …

« Lì in solitudine guardavo il deserto, di tanto in tanto vedevo transitare le tribù dei berberi. Uomini sul dorso dei loro dromedari che si muovevano come le onde del mare e si fermavano a scrutarmi chiedendosi chi fossi. Mai nessuno mi ha oltraggiata né rovinata, si accampavano vicino a me e mi facevano compagnia. »

« E poi? Dai continua ! ! » La storia mi intriga e, come al solito, sono impaziente di sentirla tutta.

« A un certo punto mi ritrovai in un luogo fresco e buio, una donna veniva a trovarmi. Accarezzava con tenerezza i resti del mio corpo ormai rovinato e sempre più in disfacimento. Il collo e la testa si erano staccati, la mano che teneva il loto stava abbandonata da una parte, le altre tre da un'altra. Solo i miei occhi e la mia espressione erano rimasti immutati, in realtà anche la mia anima che aveva accettato tutto con compassione e amore. Era il 2012 ed ero stata smembrata, impacchettata e mandata dal deserto a Milano. La donna che mi aveva trattata con tanta compassione era una buddista benefattrice dell'Istituto Lama Tzong Kapa di Pomaia che mi donò al centro. Qui dopo un grande e amorevole lavoro di ristrutturazione e di restauro mi hanno riportata in vita. »

« Che storia incredibile ! » Ero stupefatta.

« Così dal deserto del Marocco eccomi qui, nella bellissima Toscana. Qui sono presenti molte cose proprie all'ambiente in cui sono nata. Ci sono i monaci, le bandiere di preghiera, i mantra recitati … Gli animali però sono diversi, qui non ci sono le linci del deserto o i serpenti, ma tanti gattoni grassi e pacifici che fanno le fusa, tante colombe che nidificano tra i merletti della torre. Anche le persone sono diverse, vestite bene, un po' vanitose e molto loquaci, par-

Chenrezig fährt fort, ganz ohne Traurigkeit oder Enttäuschung …

« In meiner Einsamkeit dort betrachtete ich die Wüste und sah von Zeit zu Zeit einen Berberstamm vorbeiziehen. Menschen auf den Rücken ihrer Dromedare, die sich bewegten wie die Wellen des Meeres und anhielten, um mich zu beäugen, und sich fragten, wer ich wohl sei. Aber niemand hat mich beleidigt oder zerstört, sie schlugen in der Nähe ihre Lager auf und leisteten mir Gesellschaft. »

« Und dann? Mach weiter ! ! » Die Geschichte fesselt mich und wie gewöhnlich kann ich es kaum erwarten, sie ganz anzuhören.

« Irgendwann fand ich mich an einem kühlen und dunklen Ort wieder, eine Frau besuchte mich. Sie liebkoste zärtlich die Reste meines Körpers, der mittlerweile kaputt war und immer mehr zerfiel. Hals und Kopf waren abgefallen, die Hand, die einst die Lotusblume hielt, lag auf einer Seite, die drei weiteren irgendwo anders. Nur meine Augen und mein Gesichtsausdruck waren unverändert, und auch meine Seele, die alles mit Mitgefühl und Liebe angenommen hatte. Es war das Jahr 2012, ich wurde auseinandergenommen, eingepackt und von der Wüste nach Mailand transportiert. Die Frau, die mich mit so viel Zärtlichkeit behandelt hatte, war eine buddhistische Gönnerin des Tsongkhapa-Instituts von Pomaia, sie schenkte mich dem Zentrum. Hier haben sie mir nach umfangreichen und liebevollen Restaurationsarbeiten neues Leben eingehaucht. »

« Was für eine unglaubliche Geschichte ! » Ich staunte.

« So hat es mich aus der Wüste Marokkos in die wunderschöne Toskana verschlagen. Hier ähnelt vieles dem Ort, wo ich geboren bin. Es gibt Mönche, Gebetsfahnen, Mantras … Die Tiere hingegen sind anders, hier gibt es keine Wüstenluchse oder Schlangen, dafür viele fette, friedlich schnurrende Katzen und viele Tauben, die zwischen den Zinnen nisten. Auch die Menschen sind anders, gut gekleidet, ein bisschen eitel und sehr schwatzhaft, sie sprechen eine sehr melodiöse Sprache. Der Duft

lano una lingua che sembra una melodia. Il profumo degli incensi si mischia a quello della vegetazione mediterranea, a quello delle piante di ulivo che abbiamo nel boschetto e delle tante piante medicinali. I monaci vengono a recitare i loro mantra vicino a me e gli ospiti si siedono su una panchina e bevono il caffè contemplandomi. E poi nei giorni di vento il profumo del mare arriva fin quassù, mi piace tanto e allora sono felice di stare qui. Io, la statua di Cenresig, il Buddha della compassione, qui in Italia, nella terra del Papa, di San Francesco e di tanti altri santi cattolici che come me vogliono diffondere amore, sono stata accolta amorosamente.»

«Scusa, scusa ...». Una voce gentile accompagna una mano che mi scuote la spalla, mi sembra di ritornare da un altro mondo. «In teoria, quando si medita sarebbe meglio non addormentarsi», mi dice divertita la ragazza che prima armeggiava col telefono, mentre mi accorgo di avere la testa sulla sua spalla. Oddio che vergogna! Sono imbarazzatissima, le dico, «Oh, scusa, non volevo». Mi alzo piano piano e, cercando di disturbare il meno possibile, esco nel cortile del castello.

Il vento non è calato, mi accorgo di non aver preso il cappotto. Mi metto a far girare la ruota delle preghiere sotto il tempio aperto che mi dà un po' di riparo. Camminando e spingendola immagino che i 100 milioni di preghiere «Om Mani Padme Hum» che la ruota contiene, mantra di Cenresig, si diffondano nell'aria. Sono un po' turbata, quel sogno con Cenresig sembrava così vero ...

«Eccoti qua! Già finito?» Strano, è una voce che conosco. Oh, guarda chi c'è, la monaca sorridente! Mi fa piacere rivederla, almeno mi distraggo dalla figuraccia appena fatta.

«Se vuoi ti racconto la storia incredibile della nostra statua ... lo sai, è stata costruita per *Kundun* di Martin

der Räucherstäbchen mischt sich mit dem der mediterranen Vegetation, der Olivenbäume im Wäldchen und der Heilkräuter. Die Mönche kommen zu mir, wenn sie ihre Mantras rezitieren. Die Gäste setzen sich auf eine Bank und betrachten mich, während sie ihren Kaffee trinken. An windigen Tagen kommt sogar der Geruch des Meeres bis hier herauf, das mag ich sehr und dann bin ich glücklich, hier zu sein. Ich, Chenrezig, der Buddha des Mitgefühls, bin liebevoll empfangen worden in Italien, im Land des Papstes, des heiligen Franziskus und vieler anderer katholischer Heiliger, die wie ich Liebe unter die Menschen bringen möchten.»

«Entschuldigung, Entschuldigung ...» Begleitet von einer angenehmen Stimme, tippt mir eine Hand auf die Schulter, mir ist, als ob ich aus einer anderen Welt zurückkäme. «Theoretisch wäre es besser, beim Meditieren nicht einzuschlafen», sagt das Mädchen amüsiert, das vorher mit dem Handy hantiert hatte, und ich merke, dass mein Kopf auf seiner Schulter liegt. O Gott, was für eine Blamage! Ich bin höchst verlegen und erwidere: «Oh entschuldige, das wollte ich nicht.» Ich erhebe mich ganz langsam und möglichst unauffällig und gehe hinaus in den Schlosshof.

Der Wind hat nicht nachgelassen und ich merke, dass ich meinen Mantel nicht mitgenommen habe. Ich setze meine Gebetsmühle im offenen Tempel in Bewegung, dort bin ich etwas geschützt. Spazierend und drehend stelle ich mir vor, dass die hundert Millionen Gebete «Om Mani Padme Hum», die auf der Mühle drauf sind, die Mantras von Chenrezig, sich in der Luft verteilen. Ich bin etwas verwirrt, dieser Traum mit Chenrezig schien so wirklich ...

«Da bist du! Schon fertig?» Diese Stimme kenne ich doch. Schau an, die lächelnde Nonne! Es freut mich, sie wiederzusehen, so kann ich ein wenig vergessen, was für eine ‹brutta figura› ich eben abgegeben habe.

«Wenn du möchtest, erzähl ich dir die unglaubliche Geschichte unserer Statue ... Weißt du, sie wurde für *Kundun*

Scorsese, il film sulla vita del Dalai Lama che, non ci crederai, è stato girato in Marocco …»

Sono confusa, non è possibile … ma … allora era un sogno sì o no?

Guardo in alto, tra i merletti del castello tubano le colombe. Il cielo è pieno di bandiere bianche, rosse, gialle e blu che sbattono come ali pronte a spiccare il volo. Tutt'intorno si spande la magia di questo luogo dove le capacità di distinguere la fantasia dalla realtà vengono meno. Dolcemente, come in un cammino, si passa dall'una all'altra, senza urti, come se ci fosse una mano che ci accompagna.

Intervista alla monaca buddista Venerabile Siliana Bosa

Venerabile Siliana, di dove sei?
Sono nata a Johannesburg da genitori italiani emigrati in Sudafrica. Sono venuta in Italia per la prima volta a 5 anni e ho vissuto principalmente a Bologna.

Da quanto tempo sei buddista?
Più di quarant'anni, ho ricevuto l'ordinazione da Sua Santità il Dalai Lama nel 1981 a Dharamsala, in India.

Sei cattolica di nascita? Perché hai scelto il buddismo al posto del cattolicesimo, che cosa ti ha dato di diverso e di più?
Sono nata in una famiglia cattolica più per tradizione che per ragioni di fede vere e proprie. Ho scelto il buddismo perché si basa sulla logica e il ragionamento.
Ciò che mi ha colpito fin dal primo insegnamento,

von Martin Scorsese gebaut, den Film über das Leben des Dalai Lama, der, das glaubst du nicht, in Marokko gedreht wurde …»

Ich bin durcheinander, das ist doch nicht möglich … dann … war es nun ein Traum oder nicht?

Ich schaue in die Höhe, zwischen den Zinnen gurren die Tauben. Der Himmel ist voller Gebetsfahnen, weiße, rote, gelbe und blaue, sie flattern wie Flügel, wie um gleich wegzufliegen. Die Magie dieses Ortes greift auf alles über, Fantasie und Wirklichkeit sind immer weniger zu unterscheiden. Der Weg führt sanft von einem zum anderen, übergangslos, wie wenn da eine Hand wäre, die uns leitet.

Interview mit der buddhistischen Nonne Ehrwürden Siliana Bosa

Ehrwürdige Siliana, wo kommst du her?
Ich bin in Johannesburg geboren, meine Eltern waren nach Südafrika ausgewandert. Mit fünf Jahren bin ich das erste Mal nach Italien gereist und ich habe hauptsächlich in Bologna gelebt.

Seit wann bist du Buddhistin?
Seit mehr als vierzig Jahren, ich habe meine Weihe 1981 von Seiner Heiligkeit, dem Dalai Lama, in Dharamsala in Indien bekommen.

Bist du von Geburt katholisch? Warum hast du anstelle des katholischen Glaubens den Buddhismus gewählt, was hat er dir anderes oder mehr gegeben?
Ich bin in einer katholischen Familie aufgewachsen, aber mehr aus Tradition als aus wirklichem Glauben. Ich habe den Buddhismus gewählt, weil er sich auf Logik und Vernunft gründet.
Was ich von Anfang an tatsächlich überzeugend fand, ist die

infatti, è stata la logica della legge di causa ed effetto e dell'interdipendenza dei fenomeni. Questo implica che se si fanno azioni volte a danneggiare gli altri, si creano inevitabilmente anche le cause per essere a propria volta danneggiati. Tutti i fenomeni dipendono da cause e condizioni ben precise e, nello specifico, da come si pensano e si interpretano le situazioni. Tutto è nelle nostre mani. Con una mente serena, tranquilla, priva di rancore, di gelosia e di tutti gli altri pensieri distruttivi si riescono ad affrontare anche le esperienze più dolorose. Con una mente egoista, concentrata solo su se stessa, solo sul proprio benessere, pur non avendo problemi materiali, fisici o economici, ogni esperienza diventa un grande problema.

Come è nata in te la vocazione di diventare monaca buddista?
Non è una vocazione, è una scelta di vita. Per me era la cosa migliore che potessi fare.

Dove è avvenuta la tua formazione? Il Buddismo prevede molte correnti diverse che si ispirano agli insegnamenti del Maestro. Come e perché hai scelto di stabilirti al centro lama Tzong Khapa?
Sono arrivata a Pomaia non per scelta, né alla ricerca di qualcosa. Semplicemente andavo a trovare mia sorella, c'erano gli insegnamenti di un grande Lama tibetano Ghesce Yeshe Tobten e così ho cominciato a seguirli. Fin dalla prima lezione ho sentito che avevo finalmente trovato la risposta a molte delle mie domande e così da lì non mi sono più mossa.

Logik der Gesetze von Ursache und Wirkung und die wechselseitige Beeinflussung aller Erscheinungen. Daraus folgt, dass, wenn man anderen durch sein Handeln bewusst Schaden zufügt, die Wahrscheinlichkeit zunimmt, dass einem selbst Schaden zugefügt wird. Alle Erscheinungen hängen von ganz präzisen Ursachen und Bedingungen ab und speziell davon, wie man über etwas denkt und wie man etwas interpretiert. Wir haben alles in der Hand. Mit einem heiteren, ruhigen Gemüt ohne jegliche Ressentiments, Neid oder andere destruktive Gedanken gelingt es, auch den schmerzhaftesten Erfahrungen die Stirn zu bieten. Mit einer egoistischen Grundhaltung, nur auf sich selbst und das eigene Wohlergehen konzentriert, obwohl man keine materiellen, körperlichen oder ökonomischen Probleme hat, wird jede Erfahrung zu einer großen Herausforderung.

Wie ist in dir die Berufung entstanden, eine buddhistische Nonne zu werden?
Es ist keine Berufung, es ist eine Entscheidung für eine Lebenshaltung. Für mich war es das Beste, was ich machen konnte.

Wo hast du dich ausgebildet? Der Buddhismus sieht viele verschiedene Ausbildungswege vor, die durch die Unterweisungen eines Meisters angeregt werden. Wie und warum hast du dich für das Tsongkhapa-Zentrum entschieden?
Ich bin nicht nach Pomaia gekommen, weil ich mich dafür entschieden hätte, auch nicht auf der Suche nach irgendwas. Ich habe ganz einfach meine Schwester besucht. Da waren gerade Lehrveranstaltungen eines großen tibetanischen Lama, Geshe Yeshe Tobten, und ich nahm daran teil. Von der ersten Lektion an spürte ich, dass ich endlich die Antwort auf viele Fragen gefunden hatte, und so bin ich nicht mehr von hier weggegangen.

È stato difficile avvicinarti a una religione così lontana dalla cultura occidentale?
Assolutamente no. Non penso che il buddismo sia lontano dalla nostra cultura, anzi è assolutamente scientifico perché spiega, in modo molto dettagliato e con ragioni logiche, le nostre esperienze. È una religione che mette l'accento in modo particolare sullo sviluppo della saggezza, che per noi significa imparare a vedere quanto sperimentiamo in modo realistico, e stimola lo sviluppo della qualità della amorevole gentilezza che è natura fondamentale di ogni essere umano.

La tua famiglia ha capito la tua scelta?
Sì, mi hanno sostenuta in tutte le mie scelte.

Ci racconti una tua giornata tipo?
Dipende molto dall'attività che svolgo in un determinato periodo. Se sono in ritiro o se sono in viaggio è diverso, ma in generale mi alzo verso le 6:00 (più o meno), mi dedico alle mie pratiche per circa due/tre ore. Poi svolgo la mia attività di traduzione, che non vivo come un lavoro perché si pone in diretta relazione con gli insegnamenti. La sera mi ritiro verso le 9:00, concludo la giornata con le pratiche e poi dormo.

Sei felice in questo angolo di Tibet italiano?
Oh sì, ci sto proprio bene.
La mia base è Pomaia e sento che è casa mia. Negli anni, da quando ho incontrato il buddismo, ho viaggiato e vissuto molto tempo anche all'estero, in altri centri buddisti. Quello che mi piace della vita in un centro è che si sta insieme a persone che condividono il tuo stesso modo di pensare. Questo non esclude naturalmente i rapporti con persone non buddiste. Inoltre, quando si vive in un

War es schwierig, dich mit einer Religion vertraut zu machen, die so weit von der westlichen Kultur entfernt ist?
Überhaupt nicht. Ich denke nicht, dass der Buddhismus von unserer Kultur weit weg ist, im Gegenteil, er ist absolut wissenschaftlich, weil er sehr detailliert und logisch unsere Erfahrungen erklärt. Es ist eine Religion, die besonderen Wert auf die Entwicklung der Weisheit legt, das heißt, wir müssen lernen, unsere Erfahrungen realistisch zu sehen. Das fördert in uns die Bereitschaft, allem und jedem mit Freundlichkeit und Liebe zu begegnen, also das zu entwickeln, was in jedem menschlichen Wesen von Natur aus angelegt ist.

Deine Familie hatte Verständnis für deine Entscheidung?
Ja, sie haben mich in allen meinen Entscheidungen unterstützt.

Magst du uns erzählen, wie ein typischer Tag für dich aussieht?
Das hängt sehr davon ab, was ich in einem gewissen Zeitraum gerade mache, ob ich mich zurückgezogen habe oder auf Reisen bin. Aber normalerweise stehe ich gegen sechs Uhr auf und widme mich für zwei, drei Stunden meinen Übungen. Dann bin ich als Übersetzerin tätig, was ich nicht als Arbeit betrachte, weil es in direktem Zusammenhang mit den Unterweisungen steht. Abends ziehe ich mich gegen neun Uhr zurück, beschließe meinen Tag wiederum mit Übungen und gehe dann schlafen.

Bist du in diesem kleinen Fleckchen Tibet in Italien glücklich?
Oh ja, es geht mir hier wirklich gut.
Pomaia ist meine Basis, es ist mein Zuhause. Seit ich mich auf den Buddhismus eingelassen habe, bin ich viel gereist und habe auch lange im Ausland gelebt, in anderen buddhistischen Zentren. Was mir am Leben in einem Zentrum gefällt, ist das Zusammensein mit Menschen, die genauso denken wie ich. Beziehungen mit Nichtbuddhisten schließt das natürlich nicht aus. Im Übrigen kann man in einem Zentrum die Übungen gemeinsam

centro, puoi fare delle pratiche insieme agli altri ed è più facile accedere agli insegnamenti in presenza.

Che esigenze hanno le persone che vengono da voi? C'è un tipo di persona in particolare?
In generale tutti cercano dei mezzi per star bene, quindi serenità e tranquillità. Non c'è un tipo di persona in particolare, vengono sia giovani che anziani, gente di livelli sociali e culturali diversi, di nazionalità differenti. Ora anche molti pensionati che finalmente hanno il tempo per dedicarsi alla loro crescita interiore.

Credi che nella nostra società ci sia il pericolo di diventare buddisti per «moda»?
Qualcuno forse, ma penso che, all'inizio, la maggior parte delle persone che si avvicinano è mossa dalla curiosità. Chi fa il buddista per moda in realtà non è buddista.

mit anderen machen und es ist leichter, dem Präsenzunterricht zu folgen.

Welche Bedürfnisse haben die Menschen, die zu euch kommen? Gibt es einen vorherrschenden Typus Mensch?
Im Allgemeinen suchen alle nach Mittel und Wegen, sich wohl zu fühlen, sie suchen Seelenruhe, Gelassenheit. Es gibt keinen bestimmten Menschentypus, es kommen alte und junge, aus allen sozialen Schichten und Kulturen, aus verschiedenen Ländern. Heutzutage auch viele Pensionierte, die endlich die Zeit finden, sich ihrem Innenleben zuzuwenden.

Glaubst du, dass in unserer Gesellschaft die Gefahr besteht, Buddhist zu werden, weil es im «Trend» ist?
Das gibt es bestimmt, aber ich denke, dass die meisten Interessierten anfangs von Neugierde getrieben sind. Wenn einer Buddhist wird, weil es gerade Mode ist, ist er kein Buddhist.

La patria del Parmigiano Reggiano

Siamo nel bel mezzo della Food Valley Italiana, più precisamente in Emilia-Romagna, nella zona compresa tra le province di Parma, Reggio Emilia, e Modena, ma che tocca in parte anche la provincia di Bologna e va quasi a lambire quella lombarda di Mantova. Di dimensioni relativamente piccole, questo territorio è caratterizzato da una grande bio-diversità perché attraversa la pianura padana, poi le colline della zona pedemontana e si spinge fino agli Appennini tra due fiumi che gli fanno da confini, il Po a nord e il Reno a ovest. È proprio qui, in questo ritaglio d'Italia, dove i foraggi sono ottimi, che si allevano le mucche per la produzione di latte e formaggio. Un signor formaggio, il re dei formaggi: il Parmigiano Reggiano, il simbolo del made in Italy *noto in tutto il mondo.*

La sua produzione è indissolubilmente legata alla cultura contadina del luogo. Per anni, intere famiglie hanno lavorato nelle stalle, trasmettendo da una generazione all'altra, come perle di una collana, la tradizione di questo sapere e di questo sapore. A un certo punto però la collana si è spezzata, le perle si sono sparpagliate, i giovani hanno preso un'altra strada e il Parmigiano Reggiano ha rischiato di non trovare più nessuno disposto a lavorarlo a partire dalla mungitura.

Ma esiste pur sempre, come sostiene Edward Lorenz, l'«effetto farfalla» per cui da un piccolissimo cambiamento che interviene in un luogo, molto lontano possono scaturire eventi di una certa portata. E così è successo: un terribile evento accaduto in India ha probabilmente «salvato» il re dei nostri formaggi. Così succede che d'inverno, nei campi appesantiti dalla nebbia, quando tutto è brumoso e indistinto, capita di intravedere vicino a una stalla degli

Die Heimat des Parmigiano Reggiano

Wir befinden uns mitten im italienischen Food Valley, genauer gesagt in der Emilia-Romagna, in der Gegend zwischen Parma, Reggio Emilia und Modena, die teilweise auch an die Provinz Bologna und ans lombardische Mantua grenzt. Obwohl dieses Gebiet relativ klein ist, kann es mit einer großen Biodiversität aufwarten. Es erstreckt sich nämlich über die Poebene, weiter über die Hügel zu Füßen der Berge und stößt bis zum Apennin vor, begrenzt durch die Flüsse Po im Norden und Reno im Westen. Und genau in diesem futterreichen Schnitz von Italien züchtet man Kühe für die Produktion von Milch und Käse. Von einem besonders edlen Käse, dem König der Käse: dem Parmigiano Reggiano, dem Symbol für Made in Italy, *das in der ganzen Welt bekannt ist.*

Seine Herstellung ist unauflösbar verbunden mit der bäuerlichen Kultur dieses Gebiets. Über Jahre haben ganze Familien in den Ställen gearbeitet und das Geheimnis ihres Wissens und des besonderen Geschmacks von einer Generation zur anderen weiter überliefert, wie Perlen auf einer Halskette. Irgendwann ist die Kette kaputtgegangen, die Perlen zerstoben, die Jungen nahmen einen anderen Weg. Es bestand die Gefahr, dass niemand mehr gefunden werden konnte, der gewillt war, den Parmigiano Reggiano vom Melken an herzustellen.

Aber wie Edward Lorenz behauptet, gibt es immer noch den «Schmetterlingseffekt», wonach eine ganz kleine Veränderung an einem Ort weit entfernt Dinge von einiger Tragweite auslösen kann. Und so war es geschehen. Ein schreckliches Ereignis in Indien hat womöglich den König der Käse «gerettet». So kommt es vor, dass man im Winter, wenn der Nebel über den Feldern hängt und alles kaum zu unterscheiden ist, in der Nähe eines Stalles plötzlich Menschen mit bunten Turbanen

uomini con in testa turbanti di colore acceso. Gli stessi turbanti d'estate spiccano sui campi arsi, costellati da balle di fieno e movimentati dagli aironi bianchi che a volte restano immobili come statue sul ciglio della strada, a guardare il traffico che scorre. Avvicinandosi, si distinguono le loro lunghe barbe, il loro sguardo austero: sono i sikh, i nuovi eroi del Parmigiano, venuti dal lontano Punjab.

Il Parmigiano Reggiano li ha accolti bene.

Il signore di queste terre è unico, e quindi oggetto di molti tentativi di imitazione. Per tutelarlo è nato il marchio DOP (Denominazione Origine Protetta), di cui solo quello prodotto secondo le regole è insignito.

Ma in questa zona il grande formaggio non è l'unica eccellenza. Il nome Food Valley non le è stato attribuito a caso, quanto per la sua ricchissima tradizione culinaria e per la quantità di prodotti DOP e IGP (Indicazione Geografica Protetta) che si trovano solo qui.

Il consiglio è di fermarvi da queste parti e di lasciarvi andare ai piaceri dell'arte in città che sono veri gioielli – Parma, Reggio Emilia e, naturalmente, Bologna – ma anche a quelli della tavola. Scoprite e gustate il prosciutto crudo di Parma, la mortadella Bologna, tutti i vari tortelli, tortellini, cappelletti in brodo e non, il Grana Padano, il culatello di Zibello, la coppa piacentina, senza dimenticare il cotechino e lo zampone di Modena, l'aceto balsamico di Modena e il celebre lambrusco insieme a molto altro. Qui tutto parla di cibo. Parma è sede dell'EFSA, l'Autorithy Europea per la Sicurezza Alimentare e, fin dall'800, del famoso pastificio Barilla. Sempre a Parma ha sede anche l'ALMA, la Scuola internazionale di cucina fondata dallo chef pluristellato, da poco scomparso, Gualtiero Marchesi. Nel 2015 la città ha conquistato il titolo di Città creativa per la gastronomia Unesco, prestigioso riconoscimento internazionale.

auf dem Kopf sieht. Die gleichen Turbane leuchten sommers auf den dürren Feldern, die mit Heuballen übersät sind und über denen weiße Reiher kreisen, die manchmal auch wie Statuen am Straßenrand den Verkehr beobachten. Kommt man näher, sieht man zudem die langen Bärte und den ernsten Blick: Es sind die Sikhs aus dem fernen Punjab, die neuen Parmesan-Helden.

Der Parmigiano Reggiano hat sie freundlich empfangen.

Der König der Käse ist einzigartig, und daher Gegenstand mancher Nachahmungsversuche. Um ihn zu schützen, wurde die Marke DOP (geschützte Ursprungsbezeichnung) geschaffen, mit der nur regelkonforme Produkte ausgezeichnet werden dürfen.

Aber in diesem Landstrich ist der großartige Käse nicht die einzige Spezialität. Der Ausdruck Food Valley kommt nicht von ungefähr, sondern bezieht sich auf die äußerst reiche kulinarische Tradition und auf die DOP- und IGP-Produkte (Geschützte Geografische Angabe), die man nur hier findet.

Die Empfehlung lautet, in dieser Gegend Halt zu machen und sich einerseits den Freuden der Kunst hinzugeben – Parma, Reggio Emilia und selbstverständlich Bologna sind wahre Juwelen – und andererseits die Tafelfreuden zu genießen. Entdecken und kosten Sie den Rohschinken aus Parma, Bolognas Mortadella und die verschiedenen Teigwaren – Tortelli, Tortellini, Capelletti mit oder ohne Brühe – sowie den Grana Padano, den Culatello di Zibello, die Coppa aus Piacenza. Und nicht zu vergessen Cotechino, Zampone und Balsamico-Essig aus Modena, den berühmten Lambrusco und vieles mehr. Hier reden alle vom Essen. Parma ist Sitz der EFSA[10] und schon seit dem 19. Jahrhundert der berühmten Teigwarenfabrik Barilla. Ebenfalls in Parma sitzt die ALMA[11], die internationale Kochschule, gegründet vom kürzlich verstorbenen Sternekoch Gualtieri Marchesi. 2015 wurde der Stadt von der UNESCO der Titel Kreative-Gastronomie-Stadt verliehen, eine renommierte internationale Auszeichnung.

Infine, se cercate il brivido della velocità, siete ancora una volta nel posto giusto perché questa è terra di motori, qui sono nate Ducati, Ferrari Lamborghini e Maserati, tanto per citare solo le marche più famose.

Dal Punjab all'Emilia

È aprile, dopo la lunga pausa invernale la natura inizia a fiorire, e io stessa mi sento sbocciare dalla gioia e dalla sorpresa per lo spettacolo in cui sono immersa: mi sembra tutto tranne che Italia. Alla mia destra una grande struttura bianca e blu con ampi archi all'ingresso e intorno un tripudio di colori e di allegria. Davanti al tempio, il Gurdwara (letteralmente la «porta del guru») ci sono uomini con il turbante e donne vestite di sari gialli, rossi e azzurri: sono i sikh, un gruppo etnico nazionale originario del Punjab, seguaci del sikhismo, una religione monoteista che mette al centro un dio eterno, che incarna l'amore universale. Attendono la partenza del corteo che seguirà il Guru Granth Sahib – il loro libro sacro con i precetti dei 10 guru per condurre una vita di azioni buone e utili – trasportato per l'occasione su un trattore agghindato a festa con ghirlande multicolori. Profumi, musiche, canti e preghiere non hanno nulla di italiano eppure siamo proprio qui a Novellara, in provincia di Reggio Emilia.

È il giorno del «Vaisakhi», la festa di inizio di primavera. Si tratta di un rituale di ringraziamento per il primo raccolto che questi sikh hanno trasferito nella loro nuova patria, le campagne di Parma e Reggio. Sorrido al pensiero che la regione non è certo nota per la vivacità o per le atmosfere colorate, bensì per l'aura malinconica e ovattata dei suoi lunghi inverni di nebbie.

Und wenn Sie den Nervenkitzel der Geschwindigkeit suchen, sind Sie hier ebenfalls genau richtig, denn dies ist auch das Land der Motoren. Von hier stammen Ducati, Ferrari, Lamborghini und Maserati, um nur die berühmtesten Marken zu nennen.

Vom Punjab in die Emilia

Es ist April, nach dem langen Winter fängt die Natur wieder an zu blühen und ich fühle, wie ich selber aufblühe angesichts der Freude und Überraschung über das Szenario, in das ich geraten bin : Es könnte überall sein, bloß nicht in Italien. Zu meiner Rechten ein großes Bauwerk in Blau und Weiß mit weiten Torbögen und drum herum ein Fest der Farben und Fröhlichkeit. Vor dem Tempel, dem Gurdwara (wörtlich das « Tor des Gurus »), stehen Männer mit Turbanen und Frauen in gelben, roten und blauen Saris : Es sind die Sikhs, eine aus dem Punjab stammende Volksgruppe. Sie sind Anhänger des Sikhismus, einer monotheistischen Religion mit einem ewigen Gott im Zentrum, der die allumfassende Liebe verkörpert. Sie warten darauf, dass der Umzug startet, der dem Guru Granth Sahib folgen wird. Das ist ihr heiliges Buch mit den Geboten der 10 Gurus, das hilft, ein Leben voll guter und nützlicher Taten zu führen. Es wird auf einem mit bunten Girlanden festlich geschmückten Traktor mitgeführt. Düfte, Musik, Gesänge und Gebete haben nichts Italienisches, und doch sind wir in Novellara, in der Provinz Reggio Emilia.

Heute ist « Vaisakhi »-Tag, das Fest des Frühlingsanfangs. Mit diesem Ritual danken die Sikhs für die erste Ernte, die sie in ihrer neuen Heimat eingebracht haben, nämlich in Reggio und Parma. Ich muss lächeln bei dem Gedanken, dass diese Region sicher nicht für ihre Lebhaftigkeit oder für buntes Treiben bekannt ist, sondern eher für die langen, melancholischen und wattigen Winter voller Nebel.

Oggi però è tutto diverso. Sotto il cielo biancastro e non particolarmente luminoso tutto prende vita e si anima per effetto di musica, canti e colori.

A uno a uno i fedeli sostano davanti al libro sacro, pregano, gettano un fiore, oppure fanno un'offerta di denaro, vicino al libro sono seduti i vecchi saggi dalle lunghe barbe bianche che hanno onorato la religione per tutta la vita e che fungono da esempio per tutti.

Ora seguitemi ! Facciamo un gioco, saltiamo all'indietro nel tempo pur rimanendo nello stesso posto e sempre in ambito religioso. Immaginiamo di essere nel Medioevo. Vicino a noi, al posto dei sikh dai turbanti colorati, sfilano uomini con sai bianchi e neri, sono i monaci benedettini e cistercensi, sono tutti indaffarati. Da una foto a colori passiamo a una in bianco e nero, sembra quasi una pausa dal rumore e dalla mondanità. Ma cosa c'entrano i sikh con i monaci benedettini?

Be' nonostante i primi vengano da molto lontano, da un mondo totalmente diverso da quello italiano per cultura, usi e religione, esiste un filo rosso che li lega ai monaci benedettini di queste zone. Si tratta di un'eccellenza che ha reso le campagne parmensi e reggiane conosciute in tutto il mondo, un prodotto frutto d'amore, dedizione e passione : il Parmigiano Reggiano. Ma, direte voi, come si passa dai benedettini ai sikh? Lo scoprirete leggendo questa storia, se ne avrete la pazienza.

Il Parmigiano Reggiano pare nasca proprio nelle campagne parmensi e reggiane del 1200 dalla maestria dei monaci benedettini e cistercensi, antesignani di una tecnica di lavorazione, giunta immutata fino a oggi. La regola benedettina, espressa nella locuzione latina *ora et labora*, riassumeva il senso profondo della vita dei monaci che si svolgeva appunto tra lavoro e preghiera, unendo il lavoro

Heute ist jedoch alles anders. Unter dem weißlichen und nicht besonders hellen Himmel wird alles durch Musik, Gesang und Farben belebt und beseelt.

Die Gläubigen verweilen einer nach dem anderen vor dem heiligen Buch, beten, legen eine Blume ab oder spenden etwas Geld. Daneben sitzen die alten Weisen mit den langen Bärten, die ihr ganzes Leben lang religiös lebten und jetzt allen als Vorbild dienen.

Folgen Sie mir! Wir spielen ein Spiel, wir springen in der Zeit zurück, bleiben aber am selben Ort und im religiösen Bereich. Wir stellen uns vor, wir sind im Mittelalter. An Stelle der Sikhs mit ihren bunten Turbanen treffen wir auf Männer mit weißen und schwarzen Kutten, Benediktiner- und Zisterziensermönche, die alle sehr beschäftigt sind. Von einem Farbfoto wechseln wir auf ein schwarzweißes, Lärm und Weltlichkeit scheinen zu pausieren. Aber was haben die Sikhs mit den Benediktinermönchen zu tun?

Nun, obwohl die Ersteren von weit her kommen, aus einer gänzlich anderen Welt als der italienischen, was Kultur, Gebräuche und Religion angeht, gibt es einen roten Faden, der sie mit den Benediktinern von hier verbindet. Es handelt sich um etwas Vortreffliches, das den Landstrich um Parma und Reggio in der ganzen Welt bekannt gemacht hat, ein Produkt, entstanden aus Liebe, Hingabe und Leidenschaft: den Parmigiano Reggiano. Aber, werden Sie einwenden, wie kommt man jetzt von den Benediktinern zu den Sikhs? Sofern Sie die Geduld aufbringen, werden Sie es herausfinden, wenn Sie diese Geschichte lesen.

Es ist wohl so, dass der Parmigiano Reggiano um 1200 herum genau in dieser Gegend um Parma und Reggio erfunden worden ist, und zwar dank des Geschicks der Benediktiner und der Zisterzienser. Sie waren die Wegbereiter einer bis heute unverändert gebliebenen Herstellungsmethode. Die benediktinische Regel, die im lateinischen *ora et labora* ihren Ausdruck findet, fasst den tiefen Sinn des mönchischen Lebens zusammen, das

manuale e quello spirituale in un binomio inscindibile. L'ordine aveva moltissimi possedimenti terrieri alla cui coltivazione e cura si dedicavano, con amore e dedizione, i monaci. Erano terreni fertili, ben irrigati da sorgenti, caratterizzati da depositi di terramare (cumuli di terreno nerastro e grasso, ricchi di rifiuti organici, testimonianza di insediamenti dell'età del bronzo), un ottimo concime naturale per i campi. L'erba era buona per quasi tutto l'anno, e le acque sorgive, grazie alla loro temperatura costante, mantenevano un microclima prezioso per la produzione di foraggi. Su questa base favorevole agì l'ingegno e l'operosità dei monaci che costruirono le *grange*, vere e proprie precorritrici delle moderne aziende agricole, dove allevavano bovini da latte. Nella loro ricerca di un formaggio che durasse nel tempo, i monaci, grazie anche al sale che gli arrivava da Salsomaggiore, riuscirono alla fine a ottenerne uno a pasta dura, stagionato, dalle forme di circa 6 kg e adatto a una lunga conservazione. Lo chiamarono Formadio, ed era il papà del Parmigiano. Nel secolo successivo si trovano già documenti che parlano del «caseus parmensis», che aveva ormai oltrepassato i confini locali, facendo della Val Padana* il principale mercato caseario d'Europa. Negli anni il Parmigiano cominciò a diffondersi e ad apparire sulle tavole delle case nobiliari, acquistando via via sempre maggior fama, diventando una vera leggenda. Si racconta che Casanova lo regalava alle sue conquiste al posto dei fiori, che Molière in punto di morte ne volle assolutamente un pezzettino, e che Napoleone era solito banchettare a fagiolini verdi e Parmigiano. Che sia andata così o meno, la verità è che questo formaggio è a tutt'oggi uno dei fondamenti dell'economia della zona, e intorno alla sua produzione ruota la vita di

* Pianura padana

sich eben abwechselte zwischen Arbeiten und Beten. Sie vereinte die manuelle und die geistige Arbeit in dieser untrennbaren Kombination. Der Orden besaß riesige Ländereien, welche von den Mönchen hingebungsvoll bebaut und gepflegt wurden. Die Ländereien waren fruchtbar, dank Quellen gut bewässert, und voller Terramare-Ablagerungen (Anhäufung von schwärzlicher und fetter Erde, reich an organischen Rückständen, Zeugnisse bronzezeitlicher Siedlungen), dem besten Dünger für die Felder. Das Gras wuchs fast das ganze Jahr über gut und dank der konstanten Temperatur des Quellwassers konnte ein für die Futterherstellung segensreiches Mikroklima aufrechterhalten werden. Zu diesen günstigen Voraussetzungen gesellten sich der Einfallsreichtum und Fleiß der Mönche. Sie bauten die Gehöfte, Vorläufer der modernen Landwirtschaftsbetriebe, und züchteten Milchkühe. Sie versuchten, haltbareren Käse zu machen, und dank dem Salz, das sie aus Salsomaggiore bezogen, gelang ihnen schließlich die Herstellung eines harten, gereiften Käselaibes von etwa sechs Kilogramm, der lange aufbewahrt werden konnte. Sie nannten ihn Formadio, und das war der Papa des Parmesans. Im nächsten Jahrhundert schon konnte man in Dokumenten von einem « caseus parmensis » lesen, der bereits über die lokalen Grenzen hinaus bekannt war und der das Val Padana* zum wichtigsten Käsemarkt Europas machte. Mit den Jahren verbreitete sich der Käse immer mehr und erschien auf den Tischen der vornehmen Häuser, wurde immer berühmter und zu einer wahren Legende. Man erzählt sich, dass Casanova ihn seinen Eroberungen anstelle von Blumen mitbrachte, dass Molière kurz vor seinem Tod unbedingt ein Stückchen davon haben wollte und dass bei den Banketten Napoleons für gewöhnlich grüne Bohnen und Parmesan gereicht wurden. Ob es so war oder auch nicht, Fakt ist, dass dieser Käse bis heute einer der wirtschaftlichen Grundpfeiler der Gegend ist und dass das Leben vieler Familien an seine Herstellung

* Poebene

molte famiglie, anche se negli ultimi trent'anni le cose sono molto cambiate. È infatti più o meno negli anni '90 che i membri della società contadina reggiana cominciano ad aspirare a una vita diversa per i propri figli. Meno faticosa, senza turni, con più riposo, basta ore e ore passate nelle stalle tra l'odore di latte e di letame. I contadini vogliono un riscatto sociale, sognano i figli laureati, la mentalità cambia, è cambiata e continua a cambiare. Ormai a lavorare nelle stalle, a mungere le vacche e a portarsi a casa l'odore di stallatico non ci vuol andare più nessuno, è quasi un disonore. Per le aziende inizia un periodo difficile, si cerca manodopera e non si trova, lo spettro di una chiusura per mancanza di personale si fa sempre più consistente. La situazione è disperata, negli anni '90 la possibilità della «morte» del re dei formaggi italiani e delle aziende agricole che lo producono è un'idea inaccettabile. Ed è allora che entrano nel gioco della vita, con le sue soluzioni spesso inaspettate e che vengono da molto lontano, i nostri sikh.

India 1984 – Il 31 ottobre del 1984 Indira Gandhi viene uccisa da due guardie del corpo sikh. A novembre 4000 sikh vengono massacrati in India, molti riescono a fuggire e arrivano in Europa. Trovano occupazione principalmente in circhi e luna park.

Negli anni '90, in Italia si cominciano a vedere in giro degli uomini con il turbante che sembrano usciti da un film di Sandokan. Vengono dal Punjab, il «granaio dell'India», sono contadini, abituati a lavorare la terra, hanno esperienza con le bestie e non temono la fatica, tantomeno l'odore di stallatico. Si ha l'impressione che siano arrivati nel posto giusto al momento giusto, e quindi il Parmigiano Reggiano è salvo …

I sikh che vivono in Italia oggi sono circa 70000 e 50 sono i loro luoghi di culto sparsi lungo la penisola. Nelle 4000

geknüpft ist, auch wenn sich in den letzten dreißig Jahren vieles verändert hat. Um die 1990er-Jahre herum begannen viele Mitglieder der bäuerlichen Gesellschaft von Reggio, für ihre Kinder ein anderes Leben anzustreben, ein weniger anstrengendes, ohne Schichtbetrieb, mit mehr Ruhezeiten. Schluss mit den vielen Stunden im Stall zwischen dem Geruch von Milch und dem Gestank von Mist. Die Bauern wollen sozial nicht mehr so festgelegt sein, wollen ihre Kinder an die Universität schicken. Die Mentalität hat sich geändert, ändert sich und wird sich weiter ändern. Niemand will mehr im Stall arbeiten, Kühe melken und den Stallgeruch mit nach Hause nehmen. Das gilt schon beinahe als Schande. Für die Betriebe ist es eine schwierige Zeit, man sucht Arbeitskräfte und findet keine, die gefürchtete Schließung wegen Personalmangels rückt immer näher. Die Lage ist verzweifelt, in den Neunzigern ist der « Tod » des Königs der Käse und der Landwirtschaftsbetriebe, die ihn produzieren, eine inakzeptable Vorstellung. Und genau zu diesem Zeitpunkt kommen unsere Sikhs ins Spiel, denn das Leben hält oft unerwartete Lösungen bereit, die von sehr weit her kommen.

Indien 1984 – Am 31. Oktober 1984 wird Indira Gandhi von zwei Wachen aus dem Sikh-Korps ermordet. 4000 Sikhs werden im November in Indien massakriert. Vielen gelingt die Flucht und sie kommen nach Europa. Eine Anstellung finden sie hauptsächlich in Zirkussen und Vergnügungsparks.

In den Neunzigern treten in Italien immer mehr Männer mit Turbanen in Erscheinung, die einem Film über Sandokan entstiegen sein könnten. Sie stammen aus dem Punjab, der « Kornkammer Indiens », sind als Bauern an die Landarbeit gewöhnt und haben Erfahrung im Umgang mit Tieren. Sie scheuen die mühevolle Arbeit nicht, und noch weniger den Stallgeruch. Man hat den Eindruck, dass sie zur rechten Zeit am rechten Ort aufgetaucht sind. So wurde der Parmigiano Reggiano gerettet …

In Italien leben heute etwa 70000 Sikhs und es gibt 50 über die Halbinsel verteilte kulturelle Zentren. In den

stalle dell'Emilia-Romagna lavorano oltre 3 500 sikh che con grande serietà e perseveranza sono partiti dal lavoro nelle stalle fino ad arrivare ad apprendere tutta la catena della lavorazione del formaggio, al punto che oggi alcuni di loro stanno anche diventando dei casari. Si può dire che il simbolo del ‹made in Italy› si produce ormai grazie a loro, al loro prezioso contributo, e di questo sono consapevoli e orgogliosi.

E io sono proprio qui, a Novellara, nel bel mezzo del Vaisakhi, che si celebra a metà di aprile. Ogni anno si svolge in varie località italiane, testimoniando da un lato una novità sul piano del costume locale e dall'altro un'integrazione riuscita.

Un ragazzo mi viene incontro. È vestito per l'occasione, ha un bel turbante giallo che fa risaltare gli occhi e la barba nera, si chiama Harveer e sarà sicuramente lui che mi farà da guida in questo contesto emiliano-sikh. È in Italia da quando ha 13 anni, ora ne ha 18 e studia fisica all'università. Ovviamente il suo italiano è impeccabile, e lo parla anche con una simpatica cadenza romagnola. Il corteo inizia a muoversi. Partono le macchine infiorate e addobbate dai cui altoparlanti escono musica e preghiere, e poi, con mia grande sorpresa, vedo tante donne a piedi nudi con una scopa in mano che spazzano la strada. «Sono la squadra delle pulitrici perché, per rispetto al libro sacro, la strada che sarà percorsa deve essere pulitissima», mi spiega Harveer. Infine, seguito da una folla di fedeli, sfila il trattore che traina il carro con il libro sacro. «L'anno scorso sono arrivate 9 000 persone da tutto il nord Italia», mi informa Harveer, ma in mezzo a quell'allegria è praticamente impossibile fare una conversazione, non si riesce a sentirsi. Così decidiamo di allontanarci un po' dal corteo, ci mettiamo in disparte, proprio come gli abitanti del luogo che rimangono

4000 Ställen der Emilia-Romagna arbeiten über 3500 Sikhs, die mit großer Ernsthaftigkeit und viel Ausdauer im Stall angefangen und dann alle Arbeitsschritte der Käseherstellung erlernt haben, sodass heute einige von ihnen Käser sind. Man kann behaupten, dass das Symbol von ‹Made in Italy› nunmehr dank ihnen und ihrem wertvollen Beitrag hergestellt wird. Dessen sind sie sich bewusst und darauf sind sie stolz.

Ich befinde mich also gerade in Novellara, im Trubel von Vaisakhi, das man Mitte April feiert. Es wird jedes Jahr in verschiedenen italienischen Orten abgehalten und zeugt einerseits von einer Erneuerung des lokalen Brauchtums und andererseits von einer gelungenen Integration.

Ein junger Mann kommt mir entgegen. Er ist dem Anlass entsprechend gekleidet, hat einen schönen gelben Turban, der seine Augen und seinen schwarzen Bart hervorhebt. Sein Name ist Harveer und sehr wahrscheinlich wird er derjenige sein, der mich in diesen emilianisch-sikhischen Kontext einführt. Seit er 13 ist, lebt er in Italien, jetzt ist er 18 und studiert Physik an der Universität. Sein Italienisch ist ohne Zweifel tadellos und er spricht es sogar mit dem sympathischen Tonfall der Romagna. Der Festumzug setzt sich in Bewegung. Die blumengeschmückten Autos, aus deren Lautsprechern Musik und Gebete ertönen, fahren los, und dann sehe ich zu meiner großen Überraschung viele barfüßige Frauen mit Besen die Straße kehren. «Das ist das Reinigungsteam, denn zu Ehren des heiligen Buches muss die Straße, die abgeschritten wird, total sauber sein», erklärt mir Harveer. Am Schluss fährt der Traktor vorbei, der den Wagen mit dem heiligen Buch zieht, gefolgt von der Schar der Gläubigen. «Letztes Jahr sind 9000 Personen aus ganz Norditalien gekommen», informiert mich Harveer, aber inmitten dieses fröhlichen Treibens ist es praktisch unmöglich, miteinander zu sprechen, man versteht einander nicht. Darum beschließen wir, uns ein bisschen vom Umzug zu entfernen. Wir stehen abseits,

spettatori ai bordi e osservano lo spettacolo incuriositi, mentre alcuni riprendono la festa. Mi interessa sapere di suo padre Harvinder, di lui so che è uno di quelli che mi piace chiamare «i salvatori del Parmigiano». Mi racconta tutto Harveer, «Siamo sikh originari del Punjab, mio padre è arrivato in Italia nel 2007, in India si era laureato e lavorava come insegnante di matematica e di punjabi, la nostra lingua tradizionale.»

La famiglia di Harvinder in India è molto numerosa, composta da lui, la moglie Jasvir e due figli, Harveer e la sorella Kaur Gurleen, i nonni paterni e la famiglia del fratello, con moglie e due figlie. I soldi che guadagna come insegnante in una scuola privata sono pochi, soprattutto troppo pochi quando, alla morte del fratello, Harvinder si trova a dover pensare anche alla cognata e alle nipoti. È costretto a emigrare, ha un parente già in Emilia che gli consiglia di venire in Italia. In un primo tempo l'uomo si ferma a Roma, dove lavora in fabbrica, ma la cosa non fa per lui. Grazie a quel lavoro però riesce a ottenere il ricongiungimento e ad avere la moglie con sé: almeno non è più solo. Lei, Jasvir è felice di stare con il marito, ma si sente spaesata in questo luogo estraneo, di cui non capisce la lingua. Mentre il marito lavora può solo fare una passeggiata nel parco sperando di incontrare qualche donna sikh e così chiacchierare in punjabi. Dopo qualche tempo, Harvinder lascia la fabbrica e inizia a lavorare saltuariamente nelle stalle vicino a Roma fino a quando non si libera un posto in Emilia-Romagna nell'azienda dove è occupato il cognato. Si trasferisce quindi con la moglie a Castelnuovo di Sotto, in provincia di Reggio Emilia, per iniziare davvero una nuova vita in ambito caseario con varie mansioni (mungitura, rifornimento del foraggio). Dopo qualche anno arriva anche Harveer che a 13 anni mette per la prima volta piede sul suolo italiano. «Quello

genau wie die Einheimischen, die als Zuschauer am Rande das Spektakel neugierig beobachten und von denen einige das Fest filmen. Ich möchte gerne mehr über seinen Vater Harvinder erfahren, von dem ich weiß, dass er einer von denen ist, die ich gerne «die Retter des Parmesans» nenne. Harveer erzählt mir alles. «Wir sind Sikhs aus dem Punjab. Mein Vater ist 2007 nach Italien gekommen, in Indien hatte er studiert und arbeitete als Lehrer für Mathematik und Punjabi, unsere Heimatsprache.»

Harvinders Familie in Indien ist groß und besteht aus ihm, seiner Frau Jasvir und zwei Kindern, Harveer und seiner Schwester Kaur Gurleen, den Großeltern väterlicherseits und der Familie des Bruders samt Frau und zwei Töchtern. Als Lehrer in einer Privatschule verdient Harvinder wenig. Vor allem ist es zu wenig, als er sich nach dem Tod seines Bruders auch um die Schwägerin und die Nichten kümmern muss. Er sieht sich gezwungen auszuwandern. In der Emilia hat er schon einen Verwandten, der ihm nahelegt, nach Italien zu kommen. Zunächst macht er Station in Rom, wo er in einer Fabrik arbeitet, aber das ist nichts für ihn. Dank dieser Anstellung gelingt es ihm jedoch, die Erlaubnis für die Familienzusammenführung zu erhalten und seine Frau zu sich zu holen. Wenigstens ist er jetzt nicht mehr allein. Jasvir ist froh, dass sie bei ihrem Mann sein kann, aber sie fühlt sich nicht zu Hause an diesem fremden Ort, dessen Sprache sie nicht versteht. Wenn ihr Mann arbeitet, kann sie nur im Park spazieren gehen und hoffen, eine Sikh-Frau anzutreffen und mit ihr in Punjabi zu plaudern. Nach einiger Zeit verlässt Harvinder die Fabrik und arbeitet gelegentlich in den Ställen in der Umgebung von Rom, bis ein Posten auf dem Gut in der Emilia-Romagna, wo auch sein Schwager arbeitet, frei wird. Sodann zieht er mit seiner Frau nach Castelnovo di Sotto in die Provinz Reggio Emilia. Er beginnt ein völlig neues Leben im Bereich der Käseherstellung, mit ganz unterschiedlichen Arbeitsaufgaben (Molkerei, Fütterung der Tiere). Nach einigen Jahren kommt Harveer nach, er ist 13, als er seinen Fuß das erste Mal auf italie-

che mi è mancato di più all'inizio è stata la libertà di stare all'aperto e quella condizione che c'è da noi per cui sei sempre circondato da tante persone di famiglia. E poi mi piaceva molto aiutare mio nonno nei campi.»

Ora capisco perché Harvinder e tanti altri lavoranti del Punjab si trovano bene in queste aziende agricole. I sikh hanno un retroterra comune alla gente del posto, anche loro vengono da un mondo contadino, in cui da bambini hanno giocato in mezzo ai campi che da adulti hanno lavorato, anche se solo per aiutare i genitori, come nel caso di Harvinder. Gli spazi aperti, l'odore del frumento, del prato bagnato, i momenti di allegria o di lavoro condivisi con i familiari e l'intera comunità sono nel loro cuore, così come lo erano e forse lo sono ancora per gli italiani di queste zone. E quindi, nonostante i 5 000 km di distanza, Harvinder qui si sente un po' a casa, campi e mucche sono uguali laggiù e qui. Inoltre, in tutte le stalle della zona ci sono dei sikh, si è creata una vera, grande comunità a cui tutti fanno riferimento in assenza dei parenti più stretti.

Ci affrettiamo verso il corteo, ora distribuiscono pietanze rigorosamente vegetariane a tutti coloro che si avvicinano. Su un lato alcuni uomini improvvisano una lotta che sembra una danza, i loro movimenti lenti con le spade sono quasi ipnotici, so che i sikh erano un popolo guerriero e ancora si vede. Come dimostrato da questa festa e dalla diffusione dei loro templi in Italia, la religione svolge un ruolo fondamentale nella vita dei sikh e infatti nel Gurdwara di questa città ogni domenica si radunano dalle 2 000 alle 3 000 persone. Ma per ognuno di loro qualsiasi giornata è scandita dalla preghiera, spesso alcuni pregano anche mentre mungono, perché il principio è appunto, come per i benedettini il cui famoso motto era «ora et labora», quello di mettere insieme devozione e lavoro nella vita quotidiana.

nischen Boden setzt. « Was mir anfangs am meisten gefehlt hat, war der ständige Aufenthalt im Freien und der regelmäßige Kontakt mit zahlreichen Familienmitgliedern. Außerdem liebte ich es, meinem Großvater auf den Feldern zu helfen. »

Ich kann jetzt nachvollziehen, warum Harvinder und die anderen Arbeiter aus dem Punjab sich auf diesen Bauernhöfen wohlfühlen. Die Sikhs haben denselben Hintergrund wie die Einheimischen. Auch sie kommen aus einer bäuerlichen Welt, wo sie als Kinder auf den Feldern gespielt und als Erwachsene mitgearbeitet haben, auch wenn sie nur den Eltern geholfen haben wie im Fall von Harvinder. Die Weite, den Geruch des Korns, der nassen Wiese, die Momente des fröhlichen Zusammenseins oder der Arbeit mit der Familie und der ganzen Gemeinschaft tragen sie in ihren Herzen. Genau so war es für die italienischen Einheimischen und ist es wahrscheinlich immer noch. Trotz der 5 000 km Distanz fühlt sich Harvinder hier deshalb ein wenig wie zu Hause, Felder und Kühe sind hier wie dort dieselben. Im Übrigen findet man in allen umliegenden Ställen Sikhs, es hat sich eine wahrhaft große Gemeinschaft gebildet, an der alle teilhaben, weil ihre engsten Verwandten nicht hier sind.

Wir eilen zum Umzug: Jetzt verteilen sie an all jene, die in der Nähe sind, streng vegetarische Speisen. Auf einer Seite improvisieren einige Männer einen Kampf, der aussieht wie ein Tanz, ihre langsamen Bewegungen mit ihren Schwertern sind fast hypnotisierend. Ich weiß, dass die Sikhs ein kriegerisches Volk waren, und man sieht es immer noch. Wie man an diesem Fest und an den zahlreichen Tempeln in ganz Italien ablesen kann, spielt die Religion eine fundamentale Rolle im Leben der Sikhs. In der Tat versammeln sich im Gurdwara dieser Stadt an jedem Sonntag 2 000 bis 3 000 Personen, obgleich jeder Tag jedes Einzelnen von ihnen durch Gebete getaktet ist. Oft beten sie auch während des Melkens, denn das Prinzip besteht wie bei den Benediktinern mit ihrem berühmten Motto « ora et labora » darin, Andacht und Arbeit im täglichen Leben zusammenzubringen.

Mi guardo intorno, ci sono tanti giovani al corteo, siamo ormai arrivati alla terza generazione, a guardarli, a sentirli parlare, sono giovani italiani a tutti gli effetti. Anche loro, come i figli dei contadini italiani degli anni '90, si sentono ripetere dai genitori che devono studiare, che devono conquistarsi una vita meno dura di quella toccata in sorte ai loro padri, e infatti quasi tutti studiano all'università. Vengo colta all'improvviso dalla paura: non è che ci ritroveremo punto e accapo fra qualche anno quando questa generazione che c'è ora nelle stalle andrà in pensione? Che ne sarà del nostro Parmigiano Reggiano? Sarà un'altra volta in pericolo? Poi penso alla vita che tutto aggiusta e allora so semplicemente che ci sarà un'altra storia da raccontare.

Intervista all'imprenditore Ugo Scalabrini

La vostra zona ha un'antichissima tradizione agricola, com'è cambiato il vostro mondo nel corso degli ultimi decenni?
Negli anni la produzione si è concentrata in aziende sempre più grandi. Le medie e piccole imprese non esistono quasi più a causa della mancanza di manodopera. I giovani hanno sempre meno interesse a lavorare in questo settore, anche come imprenditori. Quindi non c'è ricambio generazionale. In questa zona prima esistevano 4 000 allevamenti, ora si sono ridotti a 2 600.
Quando ero bambino, negli anni '70, nel mio paesino c'erano circa 20 allevatori con 10 o 20 mucche nel raggio di un chilometro, ora sono rimaste solo due aziende di cui una è la nostra.

Ich schaue mich um. Es beteiligen sich viele junge Leute am Umzug, wir sind inzwischen in der dritten Generation angelangt. Wenn ich sie so betrachte und ihnen zuhöre, sind sie alles in allem junge Italiener. Wie die Kinder der italienischen Bauern in den Neunzigern müssen auch sie sich von den Eltern immer wieder sagen lassen, sie sollten besser studieren, sich ein weniger hartes Leben aufbauen als jenes, das den Eltern schicksalshaft zugefallen war. Und tatsächlich studieren fast alle an der Universität. Ich bekomme es plötzlich mit der Angst zu tun: Es wird doch wohl nicht so sein, dass wir wieder am selben Punkt angelangt sind, wenn diese Generation, die jetzt in den Ställen arbeitet, in Pension geht? Was wird dann aus unserem Parmigiano Reggiano? Wird er wieder gefährdet sein? Dann denke ich an das Leben, das alles zurechtrückt, und da weiß ich, dass einfach eine neue Geschichte zu erzählen sein wird.

Interview mit dem Unternehmer Ugo Scalabrini

In dieser Gegend hat die Landwirtschaft eine sehr lange Tradition. Wie hat sich eure Welt im Laufe der letzten Jahrzehnte gewandelt?

Über die Jahre hat sich die Produktion auf immer größere Betriebe konzentriert. Aus Mangel an Arbeitskräften gibt es eigentlich keine mittleren und kleinen Betriebe mehr. Die Jungen haben immer weniger Interesse daran, in diesem Wirtschaftssektor zu arbeiten, auch nicht als Unternehmer. Darum gibt es nicht einfach eine Generationenablösung. Hier existierten früher 4 000 Höfe, jetzt sind sie auf 2 600 geschrumpft.

Als ich klein war, in den Siebzigerjahren, gab es in meinem Dörfchen ungefähr 20 Züchter mit 10 oder 20 Kühen im Umkreis von einem Kilometer, jetzt sind nur noch zwei Betriebe übriggeblieben, einer davon ist unsrer.

Quando avete cominciato a reclutare manovalanza sikh?

Da sempre gestiamo il lavoro delle stalle avvalendoci di manodopera esterna. Fino agli anni '90 non abbiamo avuto problemi a trovare manodopera italiana, se non la trovavamo da queste parti c'erano tante persone che venivano dal Sud.

Da allora in poi abbiamo iniziato a dover impiegare manodopera straniera. All'inizio abbiamo avuto grosse difficoltà a trovare persone che rispettassero gli animali, che avessero un modo di gestire il lavoro compatibile con le nostre aspettative. Nel 2000 c'è stato un ennesimo cambio di manodopera: abbiamo inserito il primo sikh e devo dire che mai una scelta si è rivelata così fortunata. Da allora non ho più avuto problemi.

Cosa offrite ai sikh che lavorano da voi?

I sikh che lavorano con noi li abbiamo sin dal primo momento regolarizzati e assunti con un contratto che quasi sempre include anche l'alloggio. Spesso purtroppo avevano vissuto una situazione di grande sfruttamento e di illegalità in altre parti d'Italia.

Poi li abbiamo formati a livello professionale. Loro hanno una predisposizione per il lavoro con gli animali. Nelle stalle rappresentano oggi la maggioranza della forza lavoro, quando serve qualcuno chiamano subito parenti o amici.

Qual è la giornata tipo di un lavoratore presso la vostra azienda?

Quasi tutti iniziano la mattina alle 4 con la mungitura delle bovine e finiscono verso le 8. Poi riprendono alle 15 e lavorano fino alle 18:30. Hanno sempre uno o due giorni liberi alla settimana, dipende dai turni. Inoltre,

Wann habt ihr damit begonnen, die Sikhs als Hilfsarbeiter anzuwerben?

Schon seit jeher haben wir die Arbeit in den Ställen mit externen Hilfskräften organisiert. Bis in die Neunzigerjahre hatten wir keine Probleme, italienische Arbeitskräfte zu finden. Wenn wir sie nicht in der näheren Umgebung fanden, gab es viele, die aus dem Süden kamen.

In der Folge haben wir angefangen, ausländische Arbeitskräfte einzustellen. Anfangs hatten wir große Schwierigkeiten, Arbeiter zu finden, die die Tiere respektierten, die so arbeiteten, wie wir es erwarteten. Im Jahr 2000 wechselten die Arbeitskräfte ständig. Dann haben wir den ersten Sikh angestellt, und ich muss gestehen, dass sich bisher nie eine Entscheidung als so glückbringend erwiesen hat. Von da an hatte ich nie mehr Probleme.

Was bietet ihr den Sikhs, die bei euch arbeiten, an?

Die Sikhs, die mit uns arbeiten, haben wir vom ersten Tag an legal eingestellt, mit einem Vertrag, der fast immer auch die Unterkunft einschließt. In anderen Teilen Italiens wurden sie leider illegal angestellt und massiv ausgebeutet.

Wir haben sie dann professionell geschult. Sie sind sehr geschickt im Umgang mit den Tieren. In den Ställen machen sie heute die überwiegende Mehrheit der Arbeiter aus, und braucht es jemanden zusätzlich, rufen sie sofort Verwandte und Freunde herbei.

Wie sieht der typische Tag eines Mitarbeiters in Ihrem Betrieb aus?

Fast alle beginnen um 4 Uhr morgens mit dem Melken der Kühe und sind gegen 8 Uhr damit fertig. Dann nehmen sie die Arbeit um 15 Uhr wieder auf und arbeiten bis 18:30 Uhr. Einen oder zwei Tage die Woche haben sie frei, kommt auf die Schicht an.

abbiamo una persona supplementare per permettere la rotazione e le ferie. Lavorano anche la domenica, grazie ai turni riescono a essere liberi una domenica al mese.

Perché gli italiani non vogliono fare i cosiddetti lavori «umili»?
Non abbiamo più trovato manodopera a causa di tanti genitori per i quali i loro figli devono fare assolutamente gli ingegneri e gli avvocati.
Vedo però negli ultimi anni un ritorno dei giovani. Attualmente per l'alimentazione dei vitellini dalla nascita allo svezzamento impieghiamo delle ragazze italiane di 21 anni. Sono soprattutto le ragazze a ritornare al lavoro a stretto contatto con gli animali nelle stalle, mentre i ragazzi sono più interessati all'aspetto agronomico, alla campagna, ai trattori. Pian pianino si sta tornando un po' al passato, forse a causa della carenza attuale di lavoro o forse perché i ritmi della nostra società sono troppo serrati e non danno più soddisfazione.

Quando e come è nata la vostra azienda?
Ha origini ai tempi della guerra. Mio nonno era casaro e acquistava il latte dai contadini della zona. Negli anni '60 ha comprato un podere per incrementare la produzione, ma poco dopo è deceduto. Mio padre, giovanissimo, si è ritrovato con i debiti da pagare e ha dovuto vendere una delle due aziende.
Mentre all'inizio producevamo latte e lo mandavamo nei caseifici cooperativi, dal 1993 abbiamo iniziato a produrre il nostro formaggio. È stata una scelta a favore della qualità e della tradizione: a seconda di quello che mangiano le bovine il formaggio ha un sapore diverso. Poiché noi crediamo molto al legame con il territorio e in cooperativa

Auch haben wir eine zusätzliche Person, die Rotation und Ferien ermöglicht. Unsere Angestellten arbeiten auch sonntags, dank der Schichten haben alle einen Sonntag im Monat frei.

Warum wollen die Italiener die sogenannten «niederen» Arbeiten nicht machen?
Wir haben keine Hilfsarbeiter mehr gefunden wegen all der Eltern, für die ihre Kinder unbedingt Ingenieure oder Anwälte werden müssen.
Ich beobachte jedoch in den letzten Jahren eine Rückkehr der jungen Leute. Gegenwärtig beschäftigen wir für die Aufzucht der Kälbchen von der Geburt bis zur Entwöhnung junge Italienerinnen um die 21. Es sind vor allem die Mädchen, die wieder gerne eine Arbeit mit engem Kontakt zu den Stalltieren möchten, während die Jungen mehr an Landwirtschaftlichem interessiert sind, an der Natur, an den Traktoren. Ganz langsam kehrt man wieder ein bisschen zum Alten zurück, vielleicht wegen der momentanen Arbeitslosigkeit oder vielleicht auch, weil unsere Gesellschaft zu schnelllebig geworden ist und nicht mehr glücklich macht.

Wann und wie ist Ihr Betrieb entstanden?
Seine Anfänge gehen auf Kriegszeiten zurück. Mein Großvater war Käser und kaufte die Milch der umliegenden Bauern. In den Sechzigerjahren hat er einen Hof erworben, um die Produktion zu vergrößern, aber wenig später ist er gestorben. Mein Vater war noch sehr jung und stand vor einem Schuldenberg, einen der beiden Betriebe musste er verkaufen.
Während wir am Anfang Milch produzierten und sie in die Genossenschaftskäsereien brachten, haben wir 1993 begonnen, selbst Käse zu machen. Es war eine Entscheidung für die Qualität und Tradition: Je nachdem, was die Rinder fressen, hat der Käse einen anderen Geschmack. Da wir sehr an die Verbundenheit mit dem Land glauben und in der Genossenschaft nicht

non tutti la pensavano come noi, abbiamo creato il nostro piccolo caseificio. All'inizio producevamo dalle quattro alle cinque forme di Parmigiano al giorno. Adesso siamo un'azienda medio grande: abbiamo 800 animali e produciamo 7 000 forme di Parmigiano all'anno che commercializziamo nel nostro negozio oppure online nel nostro E-shop.

Qual è la vostra filosofia?
Il Parmigiano ha una storia piena di poesia in cui l'uomo e il territorio sono i protagonisti. Per noi è importantissimo controllare tutta la filiera. Partiamo da 300 ettari di terreno a conduzione biologica che ci permettono di essere autosufficienti per l'alimentazione delle bovine, a cui si aggiungono le vacche e il caseificio.
Siamo più che «a chilometro zero», concetto che oggi va molto di moda, noi possiamo definirci «a metro zero»! Qui abbiamo tutto: terreni, vacche, latte, formaggio e negozio dove acquistarlo.

Facciamo un salto nel futuro: come si immagina la filiera del Parmigiano Reggiano tra trent'anni?
Il figlio di uno dei primi sikh che è arrivato nella nostra zona si è messo in proprio rilevando l'azienda agricola e trasformandola in un'azienda interamente gestita da loro. Sicuramente in futuro ce ne saranno altri come lui. Coloro che lavorano nelle aziende medio piccole le potranno rilevare quando il padrone andrà in pensione e i figli si dedicheranno ad altro. Credo, in generale, che ci sarà una maggiore integrazione di sikh, ma anche di rumeni o albanesi nelle aziende agricole che saranno gestite proprio da loro. In futuro saranno loro i nostri colleghi di lavoro.
Temo inoltre che si confermerà la tendenza ad avere meno caseifici, mentre ce ne saranno di sempre più grandi

alle so denken wie wir, haben wir unsere eigene kleine Käserei gegründet. Am Anfang produzierten wir vier bis fünf Parmigiano-Laibe am Tag. Jetzt sind wir ein mittelgroßer Betrieb: Wir besitzen 800 Tiere und produzieren 7 000 Parmesan-Laibe pro Jahr, die wir in unseren Läden verkaufen oder auch online in unserem Webshop.

Was ist Ihre Philosophie?
Der Parmesan hat eine Geschichte voller Poesie, in welcher Mensch und Land die Protagonisten sind. Für uns ist es sehr wichtig, die ganze Produktionskette unter Kontrolle zu haben. Es beginnt bei 300 Hektar biologischem Boden, was uns erlaubt, selbstversorgend zu sein in Bezug auf das Futter der Rinder. Dazu kommen die Kühe und die Käserei.
Wir sind mehr als «nah & gut», ein Konzept, das heute sehr in Mode ist. Bei uns gilt sogar «näher & besser»! Hier haben wir alles: Boden, Kühe, Milch, Käse und den Laden, wo man ihn kaufen kann.

Schauen wir in die Zukunft: Wie stellen Sie sich die Produktionskette des Parmigiano Reggiano in dreißig Jahren vor?
Der Sohn eines der ersten Sikhs, der hier angekommen ist, hat sich selbstständig gemacht, indem er einen Bauernhof übernommen und in einen Betrieb umgewandelt hat, der gänzlich von Sikhs geführt wird. Sicher werden es in Zukunft auch andere so machen. Diejenigen, die in kleineren bis mittleren Betrieben arbeiten, werden diese übernehmen können, wenn der jeweilige Besitzer in Rente geht und die Söhne anderes machen wollen. Generell glaube ich, dass es mehr Sikhs, aber auch Rumänen oder Albaner geben wird, die ihre eigenen Höfe betreiben werden. In Zukunft werden wir Arbeitskollegen auf Augenhöhe sein.
Im Übrigen fürchte ich, dass es zunehmend weniger Käsereien geben wird. Dafür werden sie größer und automatisier-

e meccanizzati, il che per il formaggio del nostro territorio che vive del rapporto con la zona e con l'uomo sarebbe un peccato. Mi spaventa molto questo sviluppo. Siamo i custodi di una tradizione nata più di 1000 anni fa e non vorrei certo far parte di quella generazione che contribuisce a perderla.

Ora anche i figli dei sikh nati e cresciuti in Italia vogliono studiare. Da chi sarà costituita la prossima manodopera?

Qualcuno continuerà sicuramente.

Conosco persone che hanno lasciato città e lavori ben pagati ma troppo stressanti e che sono tornate all'agricoltura. C'è chi decide di coltivare erbe officinali, cosa che 30 anni fa era impensabile in quanto mercato di nicchia che oggi, al contrario, grazie alla digitalizzazione, si fa conoscere e commerciare ovunque.

Infine, la cosa più straordinaria è che tanti ragazzi italiani stanno tornando alla «terra», hanno studiato e vogliono riavvicinarsi a questo mondo. Hanno una consapevolezza diversa rispetto a chi diventava contadino, agricoltore o allevatore perché già suo padre lo era, hanno la consapevolezza di chi ha un'alternativa ma decide di scegliere questa vita.

ter sein. Das wäre schade für den Käse aus dieser Region, der vom direkten Bezug zum Land und zum Menschen geprägt ist. Diese Entwicklung beunruhigt mich sehr. Wir sind die Hüter einer über tausendjährigen Tradition und ich möchte keinesfalls zu der Generation gehören, die zu deren Untergang beiträgt.

Heutzutage wollen die in Italien geborenen und aufgewachsenen Söhne der Sikhs auch studieren. Woher werden die nächsten Arbeitskräfte kommen?
Es werden sicher welche nachkommen.
Ich kenne Leute, die ihre Stadt und ihre gut bezahlte, aber stressige Arbeit aufgegeben und zur Landwirtschaft zurückgefunden haben. Einige haben sich dazu entschlossen, Heilkräuter anzubauen. Das wäre vor 30 Jahren undenkbar gewesen, das war nur ein Nischenmarkt. Heute kann man sich jedoch dank der Digitalisierung überall bekannt machen und damit handeln.
Das Überraschendste aber ist, dass viele junge Italiener wieder «auf den Boden» kommen. Sie haben studiert und wollen sich wieder auf diesen Wirtschaftszweig einlassen. Sie haben einen anderen Zugang als derjenige, der Bauer oder Züchter geworden ist, weil schon sein Vater es war. Sie wissen, dass sie eine Alternative hätten, aber sich für dieses Leben entschieden haben.

Il verde in città

Anche in Italia è partita la corsa per delle città più verdi.

La consapevolezza delle persone è aumentata, ci si è resi conto che non si può vivere sani in una terra «malata». Si sa ormai, si sapeva anche prima ma si faceva finta di non sapere, che le piante oltre a costituire gran parte del nostro nutrimento producono il 98% dell'ossigeno che respiriamo. Si sa che la salute dell'uomo dipende dalla qualità delle piante e degli animali che mangia, la cui salute dipende dall'ambiente in cui vivono e dall'aria che respirano. La natura inizia finalmente a essere considerata uno dei pilastri dell'equilibrio anche urbano e quindi, da qualche anno a questa parte, si moltiplicano nel Belpaese le iniziative di rinverdimento delle città da Bolzano a Palermo. È chiaro a tutti che si deve correre ai ripari, e in questo caso correre non è un modo di dire: dobbiamo davvero fare in fretta.

Con buona volontà le città hanno iniziato a cambiare. In diversi progetti già realizzati gli alberi si rivelano una preziosa fonte di frescura nelle estati divenute sempre più afose anche al nord, isolando e riducendo i consumi energetici, mentre nel resto dell'anno sono un'utile arma contro l'inquinamento acustico e ripuliscono l'aria che respiriamo dalle polveri sottili, regalandoci ogni giorno una boccata d'ossigeno in più. Per i nostri alleati verdi le città trovano sempre più spazio, le strade si arricchiscono di alberi e i rampicanti ricoprono i muri dei palazzi e delle scuole creando fantastici giardini verticali in cui le finestre fanno capolino come fiori. Si coltiva sui tetti di hotel, ospedali e palazzi che diventano orti ad alta quota con prodotti a chilometro zero.

Das Grün in der Stadt

Auch in Italien hat der Wettlauf um grünere Städte begonnen.

Die Sensibilität der Menschen ist gestiegen, weil man sich dessen bewusst geworden ist, dass man auf einer «kranken» Erde nicht gesund leben kann. Man weiß inzwischen – man wusste es auch schon früher, aber man gab vor, es nicht zu wissen –, dass die Pflanzen nicht nur einen Großteil unserer Nahrung liefern, sondern auch 98 Prozent des von uns benötigten Sauerstoffs produzieren. Man weiß, dass die Gesundheit des Menschen abhängig ist von der Qualität der Pflanzen und der Tiere, von denen er sich ernährt, deren Gesundheit wiederum abhängt von der Umgebung, in der sie leben, und der Luft, die sie einatmen. Endlich fängt man auch in den Städten an, die Natur als einen maßgeblichen Faktor des Gleichgewichts zu betrachten. Deshalb vervielfachen sich seit einigen Jahren in Bella Italia die Initiativen für eine Wiederbegrünung der Städte, und zwar von Bozen bis Palermo. Es ist allen klar, dass man der Natur zu Hilfe eilen muss, und in diesem Fall ist das nicht nur eine Redensart: Wir müssen uns wirklich beeilen.

Voll guten Willens beginnen die Städte mit der Veränderung. In einer Reihe von bereits umgesetzten Projekten dienen Bäume der Abkühlung in den auch im Norden zunehmend schwülen Sommern, denn sie isolieren und reduzieren den Energieverbrauch. In der übrigen Zeit des Jahres sind sie eine hilfreiche Waffe gegen Lärmbelästigung und reinigen die Luft, die wir atmen, von Feinstaub. So schenken sie uns jeden Tag einen zusätzlichen Schnapper Sauerstoff. Für unsere grünen Verbündeten findet sich immer mehr Platz in den Städten, die Straßen werden mit Bäumen bereichert, Kletterpflanzen überwachsen die Mauern von Wohnhäusern und Schulen und lassen so fantastische vertikale Gärten erblühen, aus denen die Fenster wie Blumen hervorgucken. Auf den Dächern von Hotels, Spitälern und Wohnhäusern entstehen hochgelegene Gemüsegärten mit Null-Kilometer-Produkten.

L'Italia pullula dunque di iniziative in questo senso, da quelle locali come «OrtiAlti», una startup di Torino (anche il colosso tedesco Lidl ha aperto in questa città nel 2015 il suo primo punto vendita al mondo con gli orti urbani sul tetto) a quelle nazionali come «WETree» che per ora coinvolge Torino, Milano, Perugia e Palermo nei suoi ambiziosi obiettivi: realizzare nelle città aree verdi intitolate a donne che nella loro attività si siano impegnate per una società migliore e, nello stesso tempo, diffondere buone pratiche ambientali. E poi c'è «Treedom», una piattaforma di creazione italiana che permette di piantare un albero a distanza e di seguirne la storia online coinvolgendo contadini di tutto il mondo. Infine, val la pena citare anche il progetto «Alberitalia» che si occupa di forestazione italiana in generale e non solo in ambiti urbani.

Ma la cosa davvero bella è che il «green» unisce tutti ed è rivolto a tutti, e del green si può dire che ognuno lo vive a modo suo.

Prendiamo ad esempio Milano, una delle città più all'avanguardia da questo punto di vista: le torri del pluripremiato ed esclusivo Bosco Verticale dell'architetto Stefano Boeri svettano sulla città nel loro meraviglioso abito a festa che cambia accessori e colori in ogni stagione. Qui vive un'élite che può permettersi appartamenti che vanno dai 12 500 ai 16 500 Euro al metro quadro, su cui gravano mensilmente 1 500 Euro di spese condominiali. Ma green sono anche i numerosissimi orti sui tetti delle case. A Milano, in una zona periferica, un orto pensile con una superficie complessiva di 3 500 mq sui tetti di quattrocento case popolari, le trasformerà nel primo caso di complesso urbano autosufficiente. Sarà completamente autonomo sia sul piano energetico che per buona parte della produzione alimentare con circa 70 chili di frutta e altrettanti di verdura all'anno per ogni inquilino.

In Italien wimmelt es von Initiativen in diesem Sinne, von lokalen wie «OrtiAlti»[12], einem Start-up in Turin (der deutsche Supermarktriese Lidl eröffnete 2015 in dieser Stadt den weltweit ersten Laden für die Produkte der urbanen Dachgärten) bis zu staatlichen wie «WETree», das momentan Turin, Mailand, Perugia und Palermo für ambitionierte Ziele einbindet: in den Städten Grünflächen zu schaffen und nach Frauen zu benennen, die sich aktiv für eine bessere Gesellschaft eingesetzt haben, und gleichzeitig gute Umweltpraktiken zu verbreiten. Dann gibt es die italienische Internetplattform «Treedom», die es mit Hilfe von Bauern aus der ganzen Welt ermöglicht, aus der Ferne einen Baum zu pflanzen und seine Entwicklung online zu verfolgen. Erwähnenswert ist auch das Projekt «Alberitalia»[13], das sich generell mit der Aufforstung Italiens beschäftigt, nicht nur im städtischen Raum.

Das wirklich Schöne daran ist, dass «der grüne Gedanke» alle vereint und sich an alle richtet, und dass man sagen kann, dass jeder ihn auf seine Weise umsetzt.

Nehmen wir zum Beispiel Mailand, diesbezüglich eine der fortschrittlichsten Städte. Die Türme des viel gepriesenen und exklusiven Bosco Verticale[14] des Architekten Stefano Boeri überragen die Stadt in ihrem herrlichen Festgewand, dessen Accessoires und Farben mit jeder Jahreszeit wechseln. Hier wohnt eine Elite, die sich Wohnungen zwischen 12 000 und 16 500 Euro pro Quadratmeter leisten kann, wobei noch 1 500 Euro Betriebskosten dazukommen. Aber grün sind auch die zahllosen Gärten auf Hausdächern. In der Peripherie von Mailand wird auf den Dächern von 400 Sozialwohnungen ein Dachgarten mit einer Gesamtfläche von 3 500 Quadratmetern angelegt, das erste Beispiel einer sich selbst versorgenden städtischen Einrichtung. Sie wird vollumfänglich autonom sein, sowohl energetisch als auch größtenteils ernährungstechnisch, mit ungefähr 70 Kilo Früchten und Gemüse im Jahr für jeden Mieter. In der lombardischen Hauptstadt hat alles 2007

Nel capoluogo lombardo tutto è cominciato nel 2007 con l'architetto Stefano Boeri e la sua idea geniale dell'avveniristico Bosco Verticale, inaugurato solo nel 2014, che ha dato il via a un domino di iniziative che oggi vengono sempre più implementate. Nel 2018 è partito il progetto «ForestaMi», anch'esso firmato dall'importante architetto insieme al Politecnico di Milano e altri enti, che ha come obiettivo di piantare tre milioni di alberi nella città metropolitana di Milano entro il 2030.

Cosa possiamo dire ...? Ci auguriamo che le piante diventino sempre più nostre vicine di casa e ora, bando alle ciance, abbiamo un appuntamento a Milano per scoprire un luogo davvero speciale.

Quando gli alberi abbracciano i palazzi

Mentre sono in treno verso Milano non riesco a smettere di canticchiare un ritornello che la mamma mi cantava da bambina per farmi capire come tutto ci arrivi dalla natura e come all'origine di un tavolo ci sia un fiore. È quello di una famosissima canzone di Sergio Endrigo sul testo di una filastrocca di Gianni Rodari e si intitola « Ci vuole un fiore ».

La mamma è stata la prima persona che mi ha offerto una chiave di lettura, la sua, per interpretare la natura con cui venivo a contatto. Andavamo spesso presso un laghetto e lì ci perdevamo tra rane, girini, libellule, coccinelle e altri animaletti dei prati. Lei mi mostrava animali e piante insegnandomene il nome. E fino a qui tutto bene. Quando iniziò a spiegarmi i rapporti di parentela che legavano gli animali tra loro, presa da una smania semplificatrice, visto che non ave-

angefangen mit dem Architekten Stefano Boeri und seiner genialen Idee des zukunftsweisenden Bosco Verticale, der erst 2014 eingeweiht worden ist und ein Domino von Initiativen losgetreten hat, die heute zunehmend umgesetzt werden. 2018 wurde das Projekt «ForestaMi»[15] gestartet, ebenfalls unterzeichnet von diesem wichtigen Architekten, zudem vom Polytechnikum von Mailand und anderen Instituten. Das gemeinsame Ziel besteht darin, bis 2030 in der Metropole Mailand drei Millionen Bäume zu pflanzen.

Was sagen wir dazu …? Wir hoffen sehr, dass die Pflanzen immer mehr unsere Nachbarn werden, und jetzt, genug geredet, haben wir einen Termin in Mailand, um einen ganz besonderen Ort zu entdecken.

Wenn die Bäume die Häuser umarmen

Im Zug nach Mailand kann ich nicht aufhören, ein Kinderliedchen zu trällern, das meine Mama mir vorgesungen hatte, als ich klein war. Sie wollte mir damit erklären, dass alles aus der Natur kommt, dass am Anfang eines Tisches eine Blume steht. Es ist Teil eines sehr bekannten Liedes von Sergio Endrigo nach einem Kinderreim von Gianni Rodari, mit dem Titel « Ci vuole un fiore » (« Es braucht eine Blume »).

Mama hat mir als Erste einen Schlüssel angeboten, ihren Schlüssel, um mir die Natur zu erschließen, mit der ich in Berührung kam. Wir gingen oft zusammen an einen kleinen See und verloren uns dort zwischen Fröschen, Kaulquappen, Libellen, Marienkäferchen und anderen kleinen Tierchen. Sie wies mich auf die Tiere und Pflanzen hin und brachte mir ihre Namen bei. Bis hierhin alles gut. Als sie anfing, mir die verwandtschaftlichen Beziehungen zwischen den Tieren zu erklären, darauf bedacht, alles zu vereinfachen, da ich kaum

vo ancora quattro anni, mi raccontò che le rane erano le mogli dei rospi, che i bombi erano i mariti delle api e che le cavallette erano sposate con i grilli. Aveva creato una serie di accoppiamenti verosimili, ma certo non esatti.

La sua ingenuità ebbe spiacevoli conseguenze per me. Infatti, trascorsero gli anni e io, custode di questo sapere tramandato, ebbi l'occasione di sfoggiarlo all'ora di biologia alle scuole medie tra le risa dei compagni e il sorriso impietosito della professoressa.

La canzone continua a girarmi in testa. Mi rivedo piccola, sul terrazzino di casa a ballare sulle note di « Ci vuole un fiore », e poi un po' più grande a trascorrere ore e ore nel prato vicino a casa intenta a osservare piante e animali.

E ora eccomi qui, con qualche cognizione di biologia in più, in viaggio per Milano, dove mi sento un po' a casa perché è la città in cui ho frequentato l'università. Questa volta però non vado nella mia solita Milano, quella storica della chiesa di Sant'Ambrogio vicino all'università Cattolica del Sacro Cuore dove ho studiato, e neanche sui Navigli, in piazza Duomo, alla Scala o in via Montenapoleone. Quella è la Milano più ovvia, quella che tutti conosciamo.

Scendo invece a Porta Garibaldi, esco dalla stazione e in pochi minuti mi ritrovo in Piazza Gae Aulenti che, con i suoi grattacieli, è il simbolo di una città che cambia e guarda al futuro. A due passi dal quartiere Isola e da Corso Como, questo complesso architettonico avveniristico inaugurato nel 2012 è il cuore del quartiere di Porta Nuova, palcoscenico di una grande opera di riqualificazione urbana e architettonica. In pochi anni quest'area ha mutato lo skyline dell'intera città, qui sono sorti uno dopo l'altro edifici oltre i dieci piani,

vier Jahre alt war, erzählte sie mir, dass die Frösche die Gatten der Kröten seien, die Hummeln die Gattinnen der Bienen, und die Heuschrecken seien mit den Grillen verheiratet. Sie hatte eine ganze Reihe von wahrscheinlichen, jedoch alles andere als richtigen Paarungen erfunden.

Ihre Arglosigkeit hatte unschöne Konsequenzen für mich. Die Jahre gingen vorbei und ich, Hüterin dieses mir überlieferten Wissens, hatte in der Mittelstufe die Gelegenheit, mich damit in der Biologiestunde zu brüsten – meine Mitschüler lachten mich aus und die Lehrerin lächelte voller Mitleid.

Der Kindervers geht mir weiter im Kopf herum. Ich sehe mich als kleines Mädchen, wie ich auf der Terrasse zu der Melodie von «Ci vuole un fiore» tanze, und dann, ein bisschen älter, wie ich auf der nahen Wiese stundenlang damit beschäftigt bin, Pflanzen und Tiere zu beobachten.

Und jetzt bin ich also hier, inzwischen besser bewandert in Biologie, auf der Reise nach Mailand, wo ich mich ein wenig zu Hause fühle, weil ich in dieser Stadt studiert habe. Dieses Mal gehe ich jedoch nicht in mein gewohntes Mailand, ins historische mit der Kirche Sant'Ambrogio neben der katholischen Universität von Sacro Cuore, an der ich eingeschrieben war, und auch nicht zu den Kanälen, zum Domplatz, zur Scala oder in die Via Montenapoleone. Das wäre das Nächstliegende, das Mailand, das wir alle kennen.

Ich steige aber in Porta Garibaldi aus, verlasse den Bahnhof und erreiche in wenigen Minuten den Gae-Aulenti-Platz, der mit seinen Wolkenkratzern für eine Stadt steht, die sich wandelt und in die Zukunft blickt. Nur zwei Schritte vom Quartier Isola und vom Corso Como entfernt bildet dieser architektonisch zukunftsweisende Gebäudekomplex aus dem Jahre 2012 das Herz des Quartiers Porta Nuova. Gleichzeitig ist es eine Bühne für die großen Bemühungen, Stadt und Architektur aufzuwerten. In wenigen Jahren hat dieses Areal die Skyline der ganzen Stadt verändert. Hier sind, eine Ausnahme im Mailänder Panorama,

un'eccezione nel panorama milanese, insieme ad altri palazzi più bassi ma altrettanto moderni per design e concezione.

L'atmosfera è quasi newyorkese grazie ai grattacieli tutti concentrati qui e alla piazza rialzata di 100 metri che pulsa di giorno al ritmo della vita del «centro direzionale milanese» e la sera a quello della movida, tra bar, ristoranti e locali alla moda. Un po' mi dispiace, ai miei tempi questa piazza e questa Milano futuristica non esistevano. E anche qui, proprio come a New York o a Dubai, viene naturale guardare in alto verso questi grandi edifici che sembrano toccare il cielo. Il complesso Unicredit Tower è composto da tre palazzi ecosostenibili in vetro e acciaio, di cui il grattacielo omonimo con i suoi 230 metri di altezza con la guglia (spire) che lo completa è il più alto d'Italia. Gli altri grattacieli sono Palazzo Lombardia alto 161,3 metri, il Pirellone alto 127 metri, la Torre Solaria e la Torre Diamante che con i loro 143 metri sono rispettivamente l'edificio residenziale e quello in acciaio più alti d'Italia.

Ma io non sono qui per inebriarmi di modernità.

Sto andando a un appuntamento in un luogo che, se da un lato ricorda la magnificenza e grandezza della città, dall'altro è anche legato alla natura in modo innovativo e spettacolare. Lì mi aspettano due uomini, che svolgono un lavoro tutto particolare, si tratta di ‹giardinieri volanti›. Andiamo a conoscerli insieme.

Il mio sguardo ad altezza d'uomo cerca i due spidermen moderni, eccoli lì, li riconosco perché li ho visti nel bellissimo video *The Flying Gardeners**, e perché i lunghi capelli da rasta di uno di loro non si dimenticano facilmente.

* *The Flying Gardeners* è il cortometraggio ideato da Stefano Boeri e prodotto da The Blink Fish che illustra la loro attività.

eines nach dem anderen Gebäude mit über 10 Stockwerken entstanden sowie weitere niedrigere Gebäude mit ähnlich modernem Design und Konzept.

Dank der Konzentration von Wolkenkratzern herrscht hier und auch auf dem um 100 Meter angehobenen Platz quasi ein New Yorker Feeling. Tagsüber pulsiert hier das Leben im Rhythmus des « Mailänder Geschäftszentrums » und abends das Nachtleben, die Bars, Restaurants und angesagten Klubs. Eigentlich gefällt es mir nicht so gut, zu meiner Zeit gab es diesen Platz und dieses futuristische Mailand nicht. Wie in New York oder Dubai blickt man auch hier unwillkürlich an den großen Bauten hoch, die den Himmel zu berühren scheinen. Der Gebäudekomplex Unicredit Tower setzt sich zusammen aus drei umweltfreundlichen Gebäuden aus Glas und Stahl, von denen der gleichnamige Wolkenkratzer mit seinen 230 Metern und dem sich spiralförmig zuspitzenden Abschlusstürmchen der höchste ganz Italiens ist. Die anderen sind der 161,3 Meter hohe Palazzo Lombardia, der Pirellone mit 127 Metern, der Torre Solaria und Torre Diamante. Mit ihren 143 Metern sind die Letzteren sowohl die höchsten Wohnhäuser als auch die höchsten Stahlbauten Italiens.

Aber ich bin nicht aus Freude an der Modernität hier.

Ich bin an einem Ort verabredet, der einerseits an die Pracht und Größe der Stadt anknüpft, sich andererseits aber auf neue und spektakuläre Weise mit der Natur verbündet. Dort erwarten mich zwei ‹ fliegende Gärtner ›, Männer, die einer sehr speziellen Arbeit nachgehen. Lernen wir sie zusammen kennen.

Mein Blick sucht die beiden modernen Spidermen. Ah, da sind sie ! Ich erkenne sie, weil ich sie im wunderschönen Video *The Flying Gardeners** gesehen habe und weil man die langen Rastalocken des einen nicht so leicht vergisst. Sie schauen in die

* *The Flying Gardeners* ist ein Kurzfilm, der ihre Arbeit aufzeigt, konzipiert von Stefano Boeri und produziert von The Blink Fish.

Guardano in alto e, quando alzo lo sguardo anch'io resto completamente strabiliata dalla visione del Bosco Verticale, due palazzi residenziali, alti 80 e 112 metri. Le due torri sono spettacolari, letteralmente abbracciate da alberi, arbusti e piante rampicanti che ricoprono rigogliosi quasi per intero la struttura in cemento, creando un incredibile colpo d'occhio per chi alzi la testa a guardarli. Sembra di cogliere al volo la visione del grande architetto Stefano Boeri, ovvero «provare a capire se era possibile portare gli alberi nel cielo» e «cercare di dare una pelle organica agli edifici», come ha raccontato in un'intervista. C'è davvero riuscito, e questa pelle organica ora, nella stagione autunnale, è una tavolozza di colori caldi che vanno dagli ocra della koelreuteria al senape del pero selvatico, dalla terra di Siena del corbezzolo fino ai rossi delle bacche di biancospino e ai verdi dell'iperico e dei lecci. Non mi meraviglia affatto che nel 2014 il Bosco Verticale abbia vinto *l'International Highrise Award*, il premio per il grattacielo più bello del mondo, surclassando ottocento grattacieli di tutti i continenti. Queste due torri hanno in verticale una vegetazione equivalente a 30 000 mq di bosco, nel complesso 800 alberi, 15 mila piante perenni o tappezzanti e 5 mila arbusti. Ciò spiega il concept del Bosco Verticale, che vuole essere «una casa per alberi che ospita anche umani e volatili», e infatti quest'ultimi non mancano, nel 2014 ne sono stati contati 1600 esemplari, tra uccelli e farfalle.

Non c'è dubbio sul fatto che tanta natura fuori dal comune abbia bisogno che a prendersene cura siano uomini fuori dal comune. Ed è qui che entrano in gioco i *Flying Gardeners*, i giardinieri volanti. I due supereroi che gentilmente mi dedicheranno un po' del loro tempo si chiamano Giovanni Ugo e Massimo Sormani, di professione Treeclimbers, quindi abituati a potare gli alberi imponenti arrampicandosi su di essi senza scale o altri aiuti tecnici.

Höhe, und als auch ich den Blick erhebe, bin ich komplett verblüfft vom Anblick des Bosco Verticale. Die beiden Wohntürme von 80 und 112 Metern Höhe sind spektakulär, buchstäblich umarmt von Bäumen, Sträuchern und Kletterpflanzen, die quasi den ganzen Betonbau üppig überwachsen, ein unglaublicher Anblick für den, der den Kopf hebt und sie betrachtet. Die Vision des großen Architekten Stefano Boeri offenbart sich auf einen Schlag: « Versuchen herauszufinden, ob es möglich ist, die Bäume in den Himmel zu bringen » und « versuchen, den Gebäuden eine organische Haut zu geben », wie er in einem Interview gesagt hat. Das ist in der Tat gelungen und jetzt im Herbst ist diese organische Haut eine Palette von warmen Farben, vom Ocker der Blasenesche bis zum Senfgelb der Wildbirne, vom Sienarot des Erdbeerbaums bis zu den Rottönen der Weißdornbeeren und dem Grün von Johanniskraut und Steineiche. Es wundert mich überhaupt nicht, dass 2014 der Bosco Verticale den *International Highrise Award* gewonnen hat, den Preis für den schönsten Wolkenkratzer der Welt. Der Bosco Verticale war 800 Hochhäusern aus allen Kontinenten haushoch überlegen. Die vertikale Vegetation dieser beiden Türme entspricht 30 000 Quadratmetern Wald, besteht aus 800 Bäumen, 15 000 Stauden beziehungsweise Bodendeckerpflanzen und 5 000 Sträuchern. Gemäß Konzept soll der Bosco Verticale « für Bäume ein Haus sein, das auch Menschen und Vögel beherbergt » und tatsächlich mangelt es nicht an Letzteren. 2014 wurden 1 600 Vögel und Schmetterlinge gezählt.

Es steht außer Zweifel, dass so viel ungewöhnliche Natur auch ungewöhnliche Menschen braucht, die sich ihrer annehmen. Genau hier kommen die *Flying Gardeners* ins Spiel. Die zwei Superhelden, die sich netterweise ein bisschen Zeit für mich nehmen, heißen Giovanni Ugo und Massimo Sormani. Von Beruf sind sie Baumkletterer, also geübt darin, riesige Bäume zu stutzen. Sie klettern ohne Leiter oder sonstige technische Hilfsmittel an ihnen hoch.

Chi meglio di loro potrebbe calarsi dai grattacieli lentamente, un piano dopo l'altro, imbragati come alpinisti in parete, per occuparsi delle piante, albero per albero, arbusto per arbusto, fiore per fiore, lassù a 100 metri di altezza, al di sopra di una Milano spesso ancora assonnata e inconsapevole di essere osservata?

« Stai lì appeso, nessuno ti vede, sei un puntino microscopico sospeso per aria su una parete enorme, eppure tu vedi tutto. Vedi la città che pian piano si sveglia con le sue file di auto ancora con i fari accesi, vedi chi passa e parla al telefono, chi corre di prima mattina per allenarsi, chi fa una passeggiata con il cane e si siede su una panchina a riposare », racconta Giovanni e le sue parole mi fanno venire la pelle d'oca, da una parte mi vedrei lassù a guardare il panorama che arriva fino alle Alpi, dall'altra so che non guarderei proprio niente perché avrei una gran paura.

Loro, da Treeclimbers, sono abituati ad altezze ben diverse, massimo 40 metri, e allora come hanno reagito all'idea di lavorare per il Bosco Verticale?

Massimo all'inizio era perplesso, « eticamente pensavo che mettere alberi su un palazzo fosse una forzatura, come tenere un animale alla catena », ma poi è stato letteralmente rapito dall'idea che nel Bosco Verticale gli alberi occupassero uno spazio che di solito è loro « proibito » e gli è sembrato che in questo progetto si varcasse una frontiera: « Quando poi mi sono inoltrato nel Bosco Verticale, mi sono trasformato da scettico a paladino di questo progetto. »

Giovanni racconta che la prima volta non è stato facile.

Li vedo lassù, davanti a me, tesi e attentissimi. Controllano tutto, ogni piccolo ma importantissimo dettaglio. Poche domande, secche, veloci: ganci di chiusura? casco allacciato? discensore? E così via fino al momento

Wer könnte besser als sie darin sein, sich langsam von den Wolkenkratzern abzuseilen und, im Klettergurt wie Alpinisten in der Wand, von Stockwerk zu Stockwerk die Pflanzen zu pflegen, Baum für Baum, Strauch für Strauch, Blume für Blume, in hundert Metern Höhe über einem meist noch verschlafenen Mailand, das keine Ahnung hat, dass es beobachtet wird?

« Du hängst dort, niemand sieht dich, du bist ein mikroskopisch kleiner Punkt, der an einer enormen Wand in der Luft hängt, und doch siehst du alles. Du siehst die langsam erwachende Stadt, die Autoschlangen mit den leuchtenden Scheinwerfern. Du siehst, wer vorbeigeht und telefoniert, wer frühmorgens laufen geht, um sich fit zu halten, wer mit dem Hund Gassi geht und sich auf eine Bank setzt, um zu verschnaufen », erzählt Giovanni und seine Worte bereiten mir Gänsehaut. Einerseits würde ich dort oben gerne die Aussicht bis zu den Alpen bewundern, andererseits weiß ich, dass ich vor lauter Angst gar nichts sehen könnte.

Als Baumkletterer sind sie eigentlich an ganz andere Höhen gewöhnt, an höchstens 40 Meter. Wie haben sie wohl auf den Vorschlag reagiert, für den Bosco Verticale zu arbeiten?

Massimo war anfangs etwas ratlos: « Aus ethischen Gründen dachte ich, dass es widernatürlich sei, Bäume an einem Gebäude anzubringen, das ist so, wie ein Tier an die Kette zu legen. » Doch dann war er von der Idee fasziniert, dass im Bosco Verticale die Bäume einen Raum besetzten, der ihnen sonst « verboten » war, und es schien ihm, dass bei diesem Projekt eine Grenze überschritten wurde: « Ich bin dann in den Bosco Verticale eingetaucht, ich wurde vom Skeptiker zum Verfechter dieses Projekts. »

Giovanni erzählt, dass das erste Mal nicht leicht war.

Ich sehe sie dort oben vor mir, angespannt und äußerst vorsichtig. Sie kontrollieren alles, jedes kleinste, jedoch wichtige Detail. Wenige schnelle, trockene Fragen: Verriegelungshaken? Helm angeschnallt? Seilbremse? Und so weiter bis zum Mo-

della calata. Soltanto l'immaginarli mi fa mancare il respiro, la grande differenza è che un albero anche se alto ti accoglie, ti protegge con i rami, ma la parete a picco no.

Credo che Giovanni legga il terrore nel mio sguardo e mi spiega che certo, è un lavoro pericoloso. No, non gli è mai capitato di dover intervenire per aiutare un collega, ma la solidarietà, a quell'altezza, è una responsabilità forte e che non si discute. Per questo motivo si calano insieme, almeno in due, meglio se di più.

Camminiamo, giriamo intorno alle bellissime torri. «Guardi lassù, lo vede quell'albero che sembra relativamente piccolo?» Giovanni attira la mia attenzione indicando un albero. Sarà al sedicesimo piano. Alzo la testa, «Sì, lo vedo», dico. «È alto 9 metri e ha un tronco di un diametro di 35 cm. Dal basso non ci si rende conto, ma abbiamo a che fare con piante enormi!! E la cosa più sorprendente è che queste piante sono proprio cresciute nel Bosco Verticale, le abbiamo piantate quando erano piccole.» Sono meravigliata dal fatto che delle piante possano crescere in una condizione così particolare. Mi spiega: «Anche sulle falesie di roccia crescono le piante. Qui stanno meglio perché vengono irrigate e concimate e controllate costantemente. Non sono in sofferenza.»

Lavorare su questa opera d'arte vivente che farà sicuramente la storia dell'architettura, per i *Flying Gardeners* è un onore. Una volta all'anno, d'inverno, sei di loro si calano per quattro settimane di fila, 5 giorni alla settimana, per potare tutte le piante e gli arbusti dei due grattacieli. Partono la mattina prestissimo e dopo un bel caffè al bar vicino, si mettono all'opera. Tutto è organizzato, calcolato con precisione: «Per quanto riguarda le potature c'è grande controllo e attenzione da parte nostra e degli agronomi che conoscono la storia di ciascuna pianta. Tutto

ment des Abseilens. Beim bloßen Gedanken daran bleibt mir die Luft weg. Der große Unterschied besteht darin, dass ein Baum, auch wenn er hoch ist, dich aufnimmt, dich mit seinen Ästen beschützt, die Steilwand jedoch nicht.

Ich glaube, Giovanni sieht die Angst in meinen Augen und erklärt mir, dass es gewiss eine gefährliche Arbeit sei. Nein, es sei ihm nie passiert, dass er eingreifen und einem Kollegen hätte helfen müssen, aber in solchen Höhen seien gegenseitige Solidarität und Verantwortung eine Selbstverständlichkeit. Deswegen seilen sie sich mindestens zu zweit ab, besser noch zu mehreren.

Wir gehen weiter, immer um die wunderschönen Türme herum. « Schau dort oben, siehst du diesen Baum, der eher klein wirkt ? » Giovanni macht mich auf einen Baum aufmerksam. Das wird etwa der sechzehnte Stock sein. Ich schaue hoch und sage : « Ja, ich sehe ihn. » « Er ist neun Meter hoch und sein Stamm ist 35 cm dick. Von unten ist einem das nicht bewusst, aber wir haben es mit enormen Pflanzen zu tun ! ! Und am meisten überrascht, dass diese Pflanzen tatsächlich auf dem Bosco Verticale gewachsen sind, wir haben sie als Setzlinge eingepflanzt. » Ich wundere mich sehr darüber, dass Pflanzen unter solch ungewöhnlichen Bedingungen wachsen können. Er erklärt mir : « Auch auf Felsenklippen wachsen Pflanzen. Hier geht es ihnen besser, denn sie werden ständig bewässert, gedüngt und kontrolliert. Sie müssen nicht leiden. »

Für die *Flying Gardeners* ist es eine Ehre, für dieses lebendige Kunstwerk zu arbeiten, das bestimmt Architekturgeschichte schreiben wird. Einmal jährlich, im Winter, seilen sich sechs von ihnen in vier aufeinanderfolgenden Wochen ab, fünf Tage die Woche, um alle Pflanzen und Sträucher der beiden Wolkenkratzer zurückzuschneiden. Frühmorgens ziehen sie los, und nach einem schönen Kaffee in der Bar nebenan machen sie sich ans Werk. Alles ist präzise berechnet und organisiert : « Das Beschneiden steht unter strenger Kontrolle, wir und die Agronomen, die jede Pflanze kennen, nehmen es sehr genau. Alles, um

questo per far sì che siano più belle e più naturali possibili», spiega Giovanni.

Se si supera la paura, essere lassù lontani da tutto può anche dare spazio alla fantasia. Per Giovanni i pensieri si susseguono disordinati, e le sensazioni del momento lasciano spazio a ragionamenti semplici, quotidiani, per esempio che regalo comperare per il compleanno della figlia, e poi ... «un pensiero ti fa venire in mente una canzone e magari inizi a cantare e contagi il tuo collega vicino, che a sua volta ti segue e canta con te, parli del testo e di quello che la canzone ti fa tornare in mente.» Io ripenso al mio ritornello di «Ci vuole un fiore», non sono sicura che mi verrebbe in mente appesa a 100 metri di altezza.

Ma essere lassù, lontani dagli uomini, non significa essere soli, anzi. Massimo mi racconta un incontro particolare: mentre potava ha disturbato una cincia. «Incuriosita e allarmata dalla mia presenza, saltellava da un albero all'altro come se l'intruso fossi io! E intanto gli insetti volavano tra i rami e c'era addirittura un nido di uccelli! Ma non eravamo a Milano? Milioni di abitanti laggiù e a 70 metri di altezza su di un palazzo, la natura riprendeva i suoi ritmi e si riconquistava i suoi spazi! Incredibile!» Gli occhi di Massimo luccicano ancora di una meraviglia che mi contagia. Questo incontro, l'incanto di una natura ritrovata lassù, a un passo dal cielo, ha scatenato in lui una serie di considerazioni che potrebbero essere quelle di ognuno di noi. Considerazioni che ci vedono, noi esseri umani, «vivere in una realtà così distante dalle regole e dai tempi della natura, in un contenitore per persone che si sono smarrite inseguendo il sogno di una società non sostenibile, una ruota per criceti. Quando si sta tutto il giorno appesi a decine di metri con così tanti stimoli, viene naturale lasciare correre la mente e non pensare più alle vite delle perso-

sie so schön und natürlich wie möglich hinzubekommen», erklärt Giovanni.

Überwindet man die Angst, kann man da oben, weit weg von allem, der Fantasie freien Lauf lassen. Giovannis Gedanken fließen frei und die momentanen Empfindungen lassen Raum für einfache, alltägliche Gedanken, zum Beispiel, was für ein Geschenk er seiner Tochter kaufen soll. Oder ... «dir kommt ein Lied in den Sinn und vielleicht fängst du an zu singen und steckst damit deinen Kollegen an, der einfällt und mit dir singt. Du sprichst über den Text und darüber, woran dich das Lied erinnert.» Ich muss an mein Kinderlied «Ci vuole un fiore» denken. Ich bin nicht sicher, ob es mir in 100 Metern Höhe hängend in den Sinn käme.

Aber dort oben sein, weit weg von den Menschen, bedeutet nicht allein sein, im Gegenteil. Massimo erzählt mir von einer denkwürdigen Begebenheit: Bei der Arbeit hatte er eine Meise aufgeschreckt. «Alarmiert und neugierig geworden durch meine Anwesenheit, hüpfte sie von einem Baum zum Nächsten, als ob ich der Eindringling wäre! Auch die Insekten schwirrten im Geäst und siehe da, dort war ein Vogelnest! Waren wir denn nicht in Mailand? Dort unten Millionen Einwohner, und an einem Wohnhaus in 70 Metern Höhe nahm die Natur ihren alten Rhythmus auf und eroberte sich ihren Raum! Unglaublich!» Massimos Augen leuchten angesichts dieses Wunders und das geht auf mich über. Dieses Vorkommnis, die Verzauberung durch eine wiedergefundene Natur, einen Schritt vom Himmel entfernt, hat in ihm einige Gedanken angestoßen, die jeder von uns haben könnte. Überlegungen, dass Menschen «in einer von den Regeln und Zyklen der Natur weit entfernten Realität leben, in einer Blase verirrter Personen. In ihrem Hamsterrad jagen sie ihrem Traum nach, blind dafür, dass er zu einer nicht nachhaltigen Gesellschaft führt. Wenn man den ganzen Tag Dutzende Meter über dem Boden hängt und von so vielem angeregt wird, ist es nur natürlich, die Gedanken schweifen zu lassen und nicht mehr über das Leben Einzelner nachzudenken,

ne, ma alla relazione tra queste vite e la vita del nostro pianeta ... », mi dice.

Eh sì, chi potrebbe negare che il nostro pianeta lo stiamo bistrattando, sfruttando e saccheggiando (forse sarebbe meglio dire distruggendo) a nostro piacimento, senza neanche renderci conto che con esso distruggiamo anche noi stessi! Ben vengano questi progetti che sono simbolo di una consapevolezza nuova, di una volontà di salvaguardia del nostro ambiente e che ambiscono alla cosa più semplice, ma anche più difficile del mondo: una convivenza armoniosa, fatta di rispetto e amore, con la natura.

Ma che rapporto hanno questi spidermen milanesi con la gente che abita il Bosco Verticale? Giovanni racconta ridendo che capita che qualche condomino offra loro il caffè, e allora i nostri eroi restano lì, in piedi sullo spigolo di un terrazzo magari a 80 metri, appoggiati a una pianta con la tazzina in mano, creando stupore tra le persone che, volgendo casualmente lo sguardo in alto dalla strada, li scoprono intenti a una pausa ‹aerea›.

Anche Massimo ha il suo aneddoto. Una volta qualcuno gli ha detto la frase: « Siete strani, ma siete bravi ». Ancora oggi ribatte con foga: « Sì, voglio far parte degli strani! Quelli che invece di eliminare gli alberi di melograno potenzialmente instabili e pericolosi, ne deviano e legano i rami fino a metterli in sicurezza, perché per il proprietario che li conosce e li cura uno per uno sono parte della famiglia ». Gli torna in mente la sua infanzia, gli anni lontani in cui essere « strano » voleva dire rinchiudersi dentro una prigione di cemento perdendo la percezione dello scorrere delle stagioni, distaccati da alberi e natura, una condizione che con le origini dell'uomo non c'entra niente. Fatalmente, non posso fare a meno di ripensare a me bambina, persa per ore in un mondo di gioia e attenzione a toccare le piante e a osservare le formiche.

sondern über den Zusammenhang zwischen unser aller Leben und dem Leben unseres Planeten …», sagt er mir.

In der Tat, wer könnte bestreiten, dass wir unseren Planeten schlecht behandeln, ihn nach Belieben ausbeuten, plündern (vielleicht könnte man sogar davon sprechen, dass wir ihn zerstören), ohne zu merken, dass wir damit uns selbst zerstören! Wir begrüßen diese Projekte, die von einem neuen Bewusstsein zeugen, vom Willen, unsere Umwelt zu schützen, und auf die einfachste und zugleich schwierigste Sache der Welt hinarbeiten: auf ein harmonisches, respektvolles und liebevolles Zusammenleben mit der Natur.

Was für ein Verhältnis haben diese mailändischen Spidermen zu den Bewohnern des Bosco Verticale? Lachend erzählt Giovanni, dass es vorkommt, dass ein Bewohner ihnen einen Kaffee anbietet. Dann verweilen unsere Helden dort auf der Kante einer vielleicht 80 Meter hohen Terrasse, an eine Pflanze gelehnt, mit dem Tässchen in der Hand, und diejenigen, die zufällig nach oben blicken und sie dort bei ihrer ‹luftigen› Pause entdecken, wundern sich nicht schlecht.

Auch Massimo teilt seine Anekdote mit. Einmal sagte jemand zu ihm: «Ihr seid Spinner, aber ihr seid Gute!» Noch heute gibt er hitzig zurück: «Ja, ich will zu den Spinnern gehören! Zu denen, die potenziell brüchige und gefährliche Äste von Granatapfelbäumen umlenken und zur Sicherheit anbinden, statt sie zu eliminieren, weil jeder Baum für den Besitzer, der ihn kennt und pflegt, ein Teil der Familie ist.» Seine Kindheit kommt ihm in den Sinn, die fernen Jahre, in denen «ein Spinner sein» bedeutete, in einem Betongefängnis weggeschlossen zu werden, den Wechsel der Jahreszeiten nicht mehr mitzubekommen, von Bäumen und Natur abgetrennt zu sein, ein Zustand, der mit den Ursprüngen des Menschen nichts mehr zu tun hat. Fatalerweise komme ich nicht umhin, an mich als kleines Mädchen zu denken, das sich stundenlang darin verlieren konnte, voller Freude und Hingabe die Pflanzen zu berühren und die Ameisen zu beobachten.

Ora siamo tutti e tre con il naso all'insù, affascinati da queste torri che ospitano vita all'interno e all'esterno. E da quella insolita posizione, mi dico che sì, dovremmo fare tutti parte della categoria degli «strani», quelli che amano e rispettano la natura e che soprattutto hanno la piena consapevolezza di farne parte.

Intervista al direttore scientifico Maria Chiara Pastore

Della nuova tendenza green in città parlo con Maria Chiara Pastore che si occupa del progetto «ForestaMi» con l'obiettivo di piantare 3 milioni di alberi nell'area metropolitana di Milano entro il 2030.

Perché sono importanti gli alberi in città?
Gli alberi sono sempre stati molto importanti per la città, ora più che mai perché nell'ultimo ventennio ci siamo resi conto del cambiamento climatico e dei danni che sta provocando. Sappiamo quanto sia importante se non arrestarlo, almeno cercare di attenuarlo. Le città sono centri di grande produzione di CO_2 e quindi luoghi in cui il cambiamento climatico si sente e si sentirà sempre di più. Riportare alberi e arbusti all'interno delle città diventa fondamentale e i benefici sono molti. Per esempio, la diminuzione dell'isola di calore. Gli alberi infatti rinfrescano l'aria aumentandone l'umidità, e quindi raffrescano naturalmente il nostro ambiente, e inoltre ci permettono di utilizzare meno il condizionatore d'estate garantendo quindi anche un risparmio energetico. Le piante catturano le polveri sottili che vengono intrappolate dalle foglie e precipitano con le piogge, assorbono CO_2, riducono l'inquinamento acustico perché

Jetzt stehen wir alle drei da mit den Nasen in der Luft, fasziniert von diesen Türmen, die innen und außen Leben beherbergen. Und aus dieser ungewöhnlichen Position heraus sage ich mir, ja, wir sollten alle zu diesen «Spinnern» gehören, die die Natur lieben und respektieren und die ganz bewusst Teil davon sein wollen.

Interview mit der wissenschaftlichen Leiterin Maria Chiara Pastore

Über den neuen grünen Trend in der Stadt spreche ich mit Maria Chiara Pastore, die das Projekt «ForestaMi» leitet, das bis 2030 drei Millionen Bäume im Großraum Mailand pflanzen will.

Warum sind Bäume in der Stadt wichtig?
Bäume waren in der Stadt schon immer wichtig, jetzt noch mehr als bisher, weil wir uns in den letzten zwanzig Jahren des Klimawandels und seiner schlimmen Folgen bewusst geworden sind. Wir wissen, wie wichtig es ist, ihn, wenn nicht zu stoppen, so mindestens abzumildern. Die Städte produzieren viel CO_2 und sind demnach Orte, wo man den Klimawandel spürt und immer mehr spüren wird. Bäume und Sträucher wieder ins Innere der Städte zu bringen ist wesentlich und bringt viele Vorteile mit sich. Zum Beispiel die Abkühlung von Hitzeinseln. Bäume geben Feuchtigkeit an die Luft ab und kühlen sie so, wodurch sie die ganze Umwelt natürlich abkühlen und uns im Übrigen erlauben, die Klimaanlage weniger zu benutzen, was wiederum einige Energieersparnis garantiert. Die Pflanzen fangen den Feinstaub ein, der mit dem Regen fällt und an den Blättern haften bleibt. Sie absorbieren CO_2 und sie reduzieren die Lärmbelastung, weil

le chiome degli alberi, come veri e propri pannelli fonoassorbenti naturali, assorbono i rumori.

Inoltre, con la forestazione si aumenta la ricchezza naturale del nostro habitat, la sua biodiversità, perché intorno agli alberi ruota tutto un mondo di uccelli, insetti e piccoli animali. Poi ci sono i benefici diretti alla specie umana, alla sua salute fisica, come la riduzione dell'obesità, dei problemi di cuore, perché i parchi invogliano a fare attività fisica. La reclusione che stiamo vivendo in questo periodo di pandemia ci ha fatto capire quanto vivere in spazi naturali e a contatto con piante e alberi sia importante anche per la salute mentale dell'uomo.

Gli alberi hanno anche un ruolo fondamentale nella depermeabilizzazione del suolo, fondamentale per la tenuta nel caso di forti piogge. Dove ora c'è asfalto, lo togliamo, ripuliamo la parte di terreno dove vogliamo agire e piantiamo gli alberi. Questo fa sì che il suolo si rigeneri e si crei la possibilità a tutto un mondo naturale di rientrare in zone che di natura hanno ben poco.

Immagino che non sia facile creare una nuova cultura che veda l'integrazione della natura nella città.
Io faccio sempre un esempio quando cerco di rendere la gente consapevole dell'importanza degli alberi: siamo in un grande parcheggio asfaltato con pochi alberi a luglio, fa molto caldo. Sicuramente tutte le macchine saranno parcheggiate sotto quegli alberi. Forse il renderci conto di un beneficio diretto, ovvero un raffrescamento della nostra macchina grazie a quell'albero, ci dovrebbe far riflettere sull'importanza di mettere alberi nei parcheggi anche nel caso in cui pensassimo solo al nostro bene.

Quello che stiamo cercando di innescare con «ForestaMi» è un cambiamento culturale: abbiamo bisogno di crescere con gli alberi, accettare la loro presenza, e aggiungerei anche i loro tempi. Gli alberi impiegano tempo a crescere

die Kronen der Bäume als natürliche Schalldämpfer den Lärm schlucken.

Zudem steigt durch die Aufforstung die Biodiversität, die natürliche Vielfalt unseres Lebensraums, denn die Bäume ziehen viele Vögel und Insekten an. Dazu kommen die direkten Vorteile für die Menschen, für ihre physische Gesundheit, wie die Reduktion der Fettleibigkeit, der Herzprobleme, denn die Parkanlagen laden zur Ertüchtigung ein. Die Beschneidung unseres Bewegungsradius in der Pandemie hat uns bewusst gemacht, wie wichtig das Leben in natürlichen Räumen und der Kontakt mit Pflanzen und Bäumen auch für die psychische Gesundheit ist.

Bäume spielen zudem eine Schlüsselrolle für die Durchlässigkeit des Bodens, was für das Auffangen von Starkregen entscheidend ist. Wo jetzt nur Asphalt ist, entfernen wir ihn, bereiten den Teil des Bodens auf, den wir bearbeiten wollen, und pflanzen Bäume. So regeneriert sich der Boden und schafft die Voraussetzungen dafür, dass eine ganze Naturwelt wieder in Gebiete einzieht, in denen es kaum noch Natur gibt.

Ich denke, es ist nicht einfach, eine neue Kultur zu schaffen, die die Integration der Natur in die Stadt vorsieht.
Ich bringe immer dieses Beispiel, um den Leuten klarzumachen, wie wichtig Bäume sind: Wir sind auf einem großen asphaltierten Parkplatz mit wenigen Bäumen. Es ist Juli und sehr heiß. Mit Sicherheit sind alle Autos unter diesen Bäumen abgestellt worden. Vielleicht sollte uns die Erkenntnis eines direkten Nutzens, nämlich einer Abkühlung unseres Autos dank der Bäume, dazu bringen, über die Wichtigkeit der Pflanzung von Bäumen auf Parkplätzen nachzudenken, selbst wenn wir dabei nur an unser eigenes Wohl denken.

Was wir mit «ForestaMi» bewirken möchten, ist ein Kulturwandel: Wir müssen zusammen mit den Bäumen wachsen, ihr Vorhandensein annehmen, und ich möchte hinzufügen, ihren Zeitplan. Bäume benötigen Zeit, um zu wachsen, und wir sind

e noi non siamo più persone pazienti, prima eravamo più abituati ad aspettare, a concedere tempo ai processi naturali. Oggi nella società «del tutto subito», se decidiamo di volere un albero, deve essere gigante con una bella chioma con fiori e foglie. Il che ovviamente non si può ottenere sempre per una questione di costi e di tempi. Accettare e conoscere la natura, significa poi conoscere ad esempio la stagionalità, non si può piantare in ogni momento, bisogna aspettare il momento giusto in base alla tipologia degli alberi.

Attesa, crescita, cura, manutenzione, temi molto difficili per noi che non siamo più abituati alla pazienza. Bisogna imparare a pensare che l'investimento di oggi sarà un beneficio domani.

Qual è stata la spinta alla «corsa alla forestazione» delle città?
Sicuramente il cambiamento climatico. Il grande problema sono le isole di calore, e il verde in prossimità del centro abitato diventa sempre più necessario. Non si possono avere solo piante e alberi a 100 km dalla città, ma bisogna poterne beneficiare vicino a casa. Ma se il verde deve essere vicino a dove vivi, la struttura della città dovrà cambiare perché bisognerà trovare spazio per le piante. Per esempio, nel centro di Milano c'è pochissima natura, quindi bisognerebbe depavimentare (togliere l'asfalto) per poter piantare e i costi sarebbero molto alti, senza contare che bisognerebbe decidere: «Il verde a scapito di che cosa?»

Parliamo dei costi.
I costi sono sempre da valutare sulla base dei benefici che producono. Per quanto riguarda la forestazione urbana i costi sono incredibilmente diversi. Dipende da dove si pianta. Per esempio, in un'area verde, perme-

nicht mehr geduldig. Früher waren wir daran gewöhnt zu warten, den natürlichen Prozessen ihre Zeit einzuräumen. Wenn wir uns heute in unserer «Alles und sofort»-Gesellschaft dazu durchringen, einen Baum zu wollen, muss er riesig sein mit einer schönen Blätterkrone. Aus Kosten- und Zeitgründen ist das natürlich nicht immer möglich. Die Natur kennen und akzeptieren heißt zum Beispiel auch ihre Saisonalität kennen. Man kann nicht jederzeit pflanzen, man muss für jeden Baum den richtigen Zeitpunkt kennen.

Warten, Wachsen, Pflegen, Hegen sind schwierige Themen für uns, die wir keine Geduld mehr haben. Wir müssen lernen, dass die Investition von heute der Nutzen von morgen sein wird.

Was war der Auslöser für den «Aufforstungs-Run» in den Städten?

Ganz sicher der Klimawandel. Das große Problem sind die urbanen Hitzeinseln, Grünflächen in unmittelbarer Nachbarschaft von bewohnten Zentren werden immer notwendiger. Wir können Bäume und Pflanzen nicht nur 100 Kilometer von der Stadt entfernt haben, sondern wir brauchen sie für unser Wohl nah an unserem Zuhause. Aber wenn das Grün dort sein muss, wo du lebst, muss die Struktur der Stadt verändert werden, denn es muss Raum für die Bepflanzung geschaffen werden. Im Zentrum von Mailand zum Beispiel gibt es sehr wenig Natur, also müsste man den Straßenbelag aufreißen (den Asphalt entfernen), um begrünen zu können, und die Kosten wären sehr hoch, nicht zu reden davon, dass man entscheiden müsste: «Grün auf Kosten von was?»

Sprechen wir über die Kosten.

Die Kosten sind immer daran zu messen, was sie für einen Nutzen bringen. Im Falle der städtischen Aufforstung sind die Kosten unglaublich verschieden. Es hängt davon ab, wo man anpflanzt. Auf einem grünen, durchlässigen Grundstück, das nicht urbar gemacht

abile, che non va bonificata, i costi sono relativamente bassi, 50/60 Euro a pianta che includono la pianta stessa, la messa a dimora e la manutenzione per 5 anni. Le piante non si possono abbandonare soprattutto se sono molto piccole. Utilizzare in un'area urbana le cosiddette « piante pronto effetto », cioè già cresciute, per esempio per un viale alberato, può costare anche 1 000 Euro a pianta perché bisogna togliere l'asfalto, fare la buca e bonificare il terreno. Inoltre, la pianta stessa costa di più, bisogna trasportarla e va anche mantenuta per garantire l'attecchimento.

Si pensa al benessere degli alberi stessi?

Il fatto, per esempio, che per il Bosco Verticale lavorino i *Flying Gardeners* garantisce un sistema di manutenzione e di controllo continuo delle piante. Comunque, gli alberi in città sono sottoposti a uno stress molto maggiore rispetto a quelli immersi nella natura. Questo perché devono combattere una lotta quotidiana contro l'asfalto e gli inquinanti cittadini e quindi sono sollecitati molto più che quelli in ambiente alpino dove l'aria è pulitissima, dove le radici non devono sollevare l'asfalto per crescere, dove non vengono capitozzati* ogni 6 mesi e quindi possono crescere e avere chiome ricche. Gli alberi urbani hanno una vita più breve perché sottoposti a pressioni maggiori e per questo la loro esistenza e il loro servizio sono ancora più preziosi.

* *Capitozzatura:* è una tecnica brutale e anche proibita che molti ancora attuano per cui si lascia l'albero quasi solo con il tronco per evitare spese di pulizia e di gestione.

werden muss, sind die Kosten in der unmittelbaren Umgebung von bewohnten Zentren relativ niedrig, 50 bis 60 Euro pro Pflanze. Das beinhaltet die Pflanze selbst, das Anpflanzen und die Pflege für fünf Jahre. Vor allem wenn die Pflanzen noch sehr klein sind, darf man sie nicht sich selbst überlassen. Auf einer städtischen Fläche sogenannte « konfektionierte Pflanzen » zu benutzen, also schon gewachsene, zum Beispiel für eine Allee, kann auch 1 000 Euro pro Pflanze kosten, weil man den Asphalt entfernen, ein Loch buddeln und die Erde anreichern muss. Die Pflanze selbst kostet auch mehr, man muss sie transportieren und sie muss auch gepflegt werden, damit sie wirklich anwächst.

Wird auch an das Wohl der Bäume an sich gedacht?
Die Tatsache zum Beispiel, dass für den Bosco Verticale die *Flying Gardeners* arbeiten, garantiert kontinuierliche Pflege und Kontrolle der Pflanzen. Jedenfalls sind die Bäume in der Stadt viel größerem Stress unterworfen als in der Natur, weil sie jeden Tag gegen den Asphalt und die städtischen Schadstoffe kämpfen müssen. Deshalb sind sie viel angegriffener als solche in einem alpinen Umfeld, wo die Luft ganz sauber ist, wo die Wurzeln nicht den Asphalt durchbrechen müssen, um sich ausbreiten zu können, wo sie nicht alle 6 Monate gekappt* werden und darum nicht wachsen können und keine ausladenden Baumkronen haben. Stadtbäume haben eine kürzere Lebenserwartung, weil sie unter größerem Stress stehen, und deswegen sind ihre Existenz und ihre Dienste noch kostbarer.

* *Kappung:* Brutale und zudem verbotene Technik, die viele immer noch anwenden. Man lässt sozusagen nur den Baumstamm stehen, um Pflege- und Aufräumarbeiten zu vermeiden.

Mi può spiegare sinteticamente il progetto «ForestaMi»?
« ForestaMi » nasce nel 2018 per rispondere al tema inquinamento dell'aria che proprio nella Pianura Padana, e in particolare nella città metropolitana di Milano, è molto rilevante. La forestazione urbana è una delle politiche che si possono mettere in campo per contenere l'inquinamento dell'aria, soprattutto nei mesi invernali. Nasce come una ricerca del Dipartimento di architettura e di studi urbani del Politecnico di Milano, appoggiata poi da altri importanti partner.* L'obiettivo è quello di piantare tre milioni di nuovi alberi all'interno della cintura urbana entro il 2030, un albero per abitante. Nel 2018 avevamo paura di non riuscire a ottenere i finanziamenti, le aree in cui piantare e la disponibilità delle persone a contribuire al progetto di far entrare la natura in città. Adesso i finanziamenti ci sono, la disponibilità delle persone continua a crescere, quella delle aree è ancora una sfida centrale. Lavoriamo con ogni singolo comune dei 133 della città metropolitana per trovare aree disponibili alla piantumazione. Ospedali, scuole e soprattutto aree pubbliche residuali, magari troppo piccole per altri usi e permeabili. Cerchiamo di far capire che aree che per altri usi non consideriamo importanti, lo sono per gli alberi e quindi anche per noi.

* Città metropolitana di Milano, Comune di Milano, Regione Lombardia, Parco Nord Milano, Parco Agricolo Sud Milano, ERSAF e Fondazione di Comunità Milano.

Können Sie mir das Projekt «ForestaMi» kurz zusammenfassen?
«ForestaMi» entstand 2018 als Antwort auf die besonders in der Poebene und speziell in der Metropole Mailand sehr gravierende Luftverschmutzung. Die städtische Aufforstung ist eine der politischen Strategien, die man ins Feld führen kann, um vor allem in den Wintermonaten die Luftverschmutzung in den Griff zu kriegen. Sie ist aus einem Forschungsprojekt der Architekturabteilung und Städteplanung des Polytechnikums Mailand hervorgegangen und wird von weiteren wichtigen Partnern unterstützt.* Ziel ist es, bis 2030 innerhalb der Stadtmauern drei Millionen neue Bäume zu pflanzen, einen Baum für jeden Einwohner. 2018 befürchteten wir, weder die finanziellen Mittel aufzutreiben noch die Pflanzplätze und auch keine Leute, die sich zur Verfügung stellen würden, um das Projekt voranzutreiben und die Natur in die Stadt zu bringen. Mittlerweile stehen die Finanzen, die verfügbaren Personen werden immer mehr. Die nötigen Anbauflächen sind immer noch eine Herausforderung. Wir arbeiten mit allen 133 zu Mailand gehörenden Gemeinden zusammen, um Pflanzplätze aufzutreiben. Spitäler, Schulen und vor allem weitere öffentliche Bereiche, die für andere Nutzungen zu klein sind, aber durchlässigen Boden aufweisen. Wir versuchen, klarzumachen, dass Flächen, die wir für andere Nutzungen als unwichtig betrachten, wichtig sind für Bäume und also auch für uns.

* Stadt Mailand, Gemeinde Mailand, Region Lombardei, Nordpark Mailand, Landwirtschaftspark Mailand Süd, Regionalstelle für wald- und forstwirtschaftliche Dienstleistungen ERSAF (**E**nte **R**egionale per i **S**ervizi all'**A**gricoltura e alle **F**oreste) und Gemeinschaftsfond Mailand

Epilogo: Un libro in tempi di pandemia

Questo libro rimarrà indelebile nella mia memoria perché a un certo punto della sua stesura è accaduto qualcosa di unico, di terribile.

Nel marzo 2020 ci siamo ritrovati nel pieno di una catastrofe.

Vi devo confessare che ho passato ore impietrita davanti alla TV ad ascoltare ogni notizia, il mio pensiero andava all'Italia dove la situazione era particolarmente grave e soprattutto ai miei genitori ottantenni che vivono in Lombardia, l'epicentro del dramma in quella fase iniziale. In quei momenti, come forse è accaduto a tanti di noi, nella mia vita tutto è passato in secondo piano, il lavoro, il libro, nulla aveva più importanza, la priorità assoluta era venirne fuori senza troppe perdite e riuscire a proteggere le persone a noi più care.

I mesi sono volati e mentre ci riprendevamo in qualche modo dallo shock iniziale ci siamo resi conto di essere tutti nella stessa barca e che nazioni, ricchezza e tecnologie dovevano essere messe a servizio di tutta l'umanità perché questa si salvasse. Noi uomini eravamo diventati sudditi di un re, munito di corona, un re tanto sanguinario e senza pietà, quanto naturale (o forse anche no) che in poco tempo è riuscito a mettere in ginocchio il mondo intero.

All'inizio in Italia le persone uscivano sui balconi a cantare, nel tentativo di ritrovare un senso di vicinanza ormai lontano, mentre medici e infermieri ce la mettevano tutta per salvare vite umane. Il desiderio di tutti era tornare a «prima», i balconi si riempivano di striscioni che dicevano: «Andrà tutto bene», poi si è capito che quel «prima» era finito e doveva cominciare un altro

Nachwort: Ein Buch in Pandemiezeiten

Dieses Buch wird mir unauslöschlich im Gedächtnis bleiben, weil sich während der Niederschrift etwas Einzigartiges, etwas Schreckliches ereignete.

Im März 2020 brach plötzlich eine Katastrophe über uns herein und traf uns im Innersten.

Ich muss gestehen, dass ich Stunden vor dem Fernseher verbracht habe, wie versteinert, um jede Meldung mitzubekommen. Gedanklich war ich in Italien, wo die Lage besonders ernst war, und vor allem bei meinen Eltern, die mittlerweile auch schon in den Achtzigern sind und in der Lombardei leben, dem damaligen Epizentrum des Unglücks. Wie vielleicht bei vielen anderen auch, so rutschte in jenen Zeiten in meinem Leben alles in die zweite Reihe, die Arbeit, das Buch, nichts war mehr wichtig. Ohne allzu große Verluste davonzukommen und die geliebten Personen gut zu schützen – das hatte absolute Priorität.

Die Monate vergingen wie im Flug. Irgendwie erholten wir uns vom ersten Schock und es wurde uns bewusst, wie sehr wir alle im gleichen Boot saßen, dass Nationen, Reichtümer und Technologien der gesamten Menschheit zur Verfügung stehen mussten, damit alle gerettet werden konnten. Wir Menschen waren zu Untertanen eines mit einer Krone bewehrten Tyrannen geworden, eines so blutrünstigen und gnadenlosen wie natürlichen Königs (vielleicht auch nicht so natürlich). Innerhalb kurzer Zeit hatte er es geschafft, die ganze Welt in die Knie zu zwingen.

Anfangs gingen die Menschen in Italien auf die Balkone hinaus und sangen. Sie versuchten, ein inzwischen abhandengekommenes Zusammengehörigkeitsgefühl heraufzubeschwören. Die Ärzte und Krankenschwestern setzten alles daran, menschliche Leben zu retten. Alle wünschten sich, dass es wieder werde wie « früher », und an den Balkonen wurden Spruchbänder angebracht mit der Aufschrift « Alles wird wieder gut ». Dann hat man begriffen, dass

«adesso». Con il passare dei giorni, e poi dei mesi, ci si accorgeva però che il cammino sarebbe stato lungo e solidarietà sarebbe diventata una parola chiave. E poi, la crisi economica, la grande paura e rabbia per un presente di impotenza e un futuro ancora più incerto facevano il resto.

Non riuscivo a scrivere, non potevo neanche pensare di chiedere un'intervista telefonica per il libro in quel momento. Sapevo che molti settori economici e produttivi continuavano, nonostante tutto, ma io non potevo far niente. Ogni volta che mi si affacciava l'idea di riprendere in mano il mio progetto mi sembrava una terribile mancanza di rispetto nei confronti di un mondo in lutto che aveva ben altro a cui pensare.

Così la mia creatività, la mia curiosità e la mia gioia di scrivere erano all'improvviso scomparse, mi avevano lasciata sola in balia di paure e preoccupazioni, sembrava si fossero inginocchiate insieme a me davanti al dolore condiviso. Mi venivano in mente le pastore che forse, delle persone con cui ero venuta in contatto durante la stesura del libro, erano quelle meno toccate. Avrei voluto essere con loro, in un pascolo senza esseri umani e con tante pecore, avrei voluto essere nella natura senza dover entrare in un negozio con la paura di poterne uscire malata. Pensavo all'Happy Village e, ho temuto che tanti progetti, iniziati con entusiasmo e fatica da uomini e donne, potessero crollare e non avevo il coraggio di chiamare per chiedere notizie. Cercavo di immaginare come fosse il centro di Pomaia, che conosco come luogo d'incontro, di comunanza e allegria, con le gompa vuote e vedevo la grande statua di Cenresig in solitudine, spettatrice di un film tanto surreale quanto vero.

A ottobre 2020 sono andata in Abruzzo per rinfran-

jenes «Früher» vorbei war und dass ein anderes «Jetzt» beginnen musste. Nach einer Weile merkte man, dass der Weg lang werden würde und dass das Schlüsselwort «Solidarität» hieß. Und dann kam die Wirtschaftskrise, gefolgt von großer Angst und Wut über die Machtlosigkeit in der Gegenwart und eine vergleichsweise noch viel ungewissere Zukunft. Das gab uns den Rest.

Zu diesem Zeitpunkt konnte ich nicht schreiben und nicht einmal daran denken, jemanden für ein telefonisches Interview für das Buch anzufragen. Ich wusste, dass viele Wirtschaftszweige trotz allem weiterfunktionierten und weiterproduzierten, aber ich konnte nichts tun. Jedes Mal, wenn die Idee aufkam, mein Projekt wieder in die Hand zu nehmen, schien mir das unglaublich respektlos angesichts einer Welt in Trauer, die ganz andere Sorgen hatte.

So waren meine Kreativität, meine Neugier und meine Freude am Schreiben plötzlich verschwunden. Sie hatten mich allein gelassen mit meinen Ängsten und Sorgen, mir schien, sie waren zusammen mit mir vor dem geteilten Schmerz in die Knie gegangen. Mir kamen die Hirtinnen in den Sinn, die vielleicht von allen, mit denen ich während der Arbeit fürs Buch in Kontakt getreten war, am wenigsten betroffen waren. Ich wäre gern bei ihnen gewesen, auf einer Weide ohne Menschen und mit vielen Tieren. Ich hätte in der Natur sein wollen, ohne ein Geschäft betreten und befürchten zu müssen, krank wieder herauszukommen. Ich dachte an das Projekt Happy Village und ich hatte Angst um die vielen Projekte, die, mit Begeisterung und viel Mühe auf den Weg gebracht, zu Fall kommen und sich nicht mehr erholen könnten, und ich fand nicht den Mut, anzurufen und mich zu erkundigen. Ich versuchte mir vorzustellen, wie es jetzt im Zentrum von Pomaia wäre, das ich als Ort der Begegnung, der Gemeinschaft und der Fröhlichkeit kenne, mit den leeren Gompa. Ich sah die große Statue von Chenrezig, wie sie einsam dastand und zuschaute, wie vor ihr ein ebenso surrealer wie wahrer Film ablief.

Im Oktober 2020 ging ich in die Abruzzen, um meinen Geist

care un po' lo spirito. C'era una finestra di tranquillità, i contagi sembravano essere sotto controllo, in Italia le misure restrittive erano state allentate. Sono riuscita a passeggiare un po' di tempo sulla spiaggia c'ero solo io, il mio compagno, un bagnino molto gentile, alcuni cani e i loro padroni. Il mare, il sole e la brezza, il mio paese e i suoi prodotti hanno avuto sulla mia anima un effetto salvifico. Mi sono sentita lentamente meglio, mi è sembrato di uscire piano piano da un incubo, da un buio esterno che negli ultimi mesi era diventato anche interiore.

Rinfrancata da forze nuove, ho ripensato al libro che avevo lasciato lì, in solitudine, come a decantare (in realtà era la mia anima a decantare più che altro). Mi era ritornato l'entusiasmo, sapevo cosa fare, mi mancava ancora un'intervista, quella a un traboccante. Allora sono andata sulla costa dei Trabocchi, ho preso la bicicletta e mi sono sentita rinascere. Quel giorno c'era un vento incredibile, i canneti danzavano in un duetto con le onde del mare ignari di tutto, non c'era tanta gente in giro. All'improvviso alcuni tedeschi sono scesi da un pulmino e, muniti di mascherina, si sono incamminati verso il trabocco ristorante. È stato come un flash di quella vita che era rimasta ferma ad aspettare per mesi, insieme al mare agitato c'era finalmente una ventata di aria fresca e di speranza. L'intervista al traboccante è stata come raggio di luce per me che fino a pochi mesi prima brancolavo nel buio, è stato un riappropriarmi di una parte della mia vita, del lavoro che faccio con grande amore.

E ora si va avanti, sono arrivati i vaccini, le nubi si stanno diradando …

Voglio terminare con un pensiero positivo e un augurio generale. Quello di risollevarci, di ricominciare una vita, forse anche migliore e di ricominciarla con

ein wenig durchzulüften. Es war ein Zeitfenster mit etwas Ruhe, die Ansteckungen schienen unter Kontrolle zu sein, in Italien waren die Einschränkungen gelockert worden. Ich konnte im Oktober am Strand spazieren gehen. Nur ich war da, mein Partner, ein sehr netter Strandwärter und ein paar Hunde und ihre Besitzer. Das Meer, die Sonne und die Brise, mein Land und seine Erzeugnisse hatten auf meine Seele eine wohltuende Wirkung. Langsam ging es mir besser, es fühlte sich so an, als ob ich allmählich aus einem Alptraum erwachte, aus einem äußeren Dunkel, das in den letzten Monaten auch ein inneres geworden war.

Belebt von neuen Kräften, habe ich wieder ans Buch gedacht, das ich verwaist zurückgelassen hatte, damit sich alles setzen konnte und klärte (in Wirklichkeit war es wohl eher meine Seele, die Klarheit brauchte). Meine Begeisterung war zurückgekehrt, ich wusste, was zu tun war. Mir fehlte noch ein Interview, das mit dem Trabboccanten. Also bin ich an die Trabocchi-Küste gefahren, habe das Fahrrad genommen und fühlte mich wie neu geboren. An jenem Tag gab es viel Wind, Schilf und Meer tanzten im Duett und wussten von nichts. Es waren nicht viele Leute unterwegs. Auf einmal stiegen einige mit Masken bewehrte Deutsche aus einem Kleinbus und steuerten das Trabocco-Restaurant an. Das war wie ein Flashback aus jenem Leben, das über Monate stillgelegt worden war. Zusammen mit dem bewegten Meer kamen endlich ein frischer Wind und Hoffnung auf. Das Interview mit dem Traboccante war ein Lichtblick für mich, die ich noch vor wenigen Monaten im Dunkeln getappt war. Es war die Rückeroberung eines Teils von meinem Leben, meiner Arbeit, die ich mit viel Liebe ausübe.

Und jetzt geht es voran, die Impfstoffe sind eingetroffen, die Wolken verziehen sich …

Ich möchte mit einem positiven Gedanken schließen und mit guten Wünschen für alle. Rappeln wir uns auf, beginnen wir ein neues Leben, vielleicht sogar ein besseres, mit dem Bewusstsein,

la consapevolezza che tutto ciò che diamo per scontato all'improvviso si può perdere, e quindi va riconosciuto, apprezzato e vissuto con pienezza in ogni momento della nostra vita.

E con tutto il cuore auguro agli italiani che la creatività e la forza per cui siamo conosciuti, insieme alla nostra generosità e flessibilità ci aiutino a risorgere a nuova vita.

E infine, a voi cari lettori auguro di poter tornare in Italia al più presto per conoscere, ispirati da questo libro, un'Italia nel suo divenire sempre e ancora meravigliosa.

dass man alles, was man für selbstverständlich hält, mit einem Schlag verlieren kann. Deshalb muss alles in jedem Augenblick unseres Lebens bewusst wahrgenommen, wertgeschätzt und in vollen Zügen gelebt werden.

Und den Italienern wünsche ich von Herzen, dass der Erfindergeist und die Kraft, für die wir bekannt sind, zusammen mit unserer Großzügigkeit und Flexibilität uns helfen, neu aufzuleben.

Und zum Schluss, liebe Leserinnen und Leser, wünsche ich Ihnen, so bald wie möglich nach Italien zurückkehren zu können, um, inspiriert von diesem Buch, ein wunderbares Italien kennenzulernen, das trotz steten Wandels immer wunderbar bleibt.

Un grazie a ...

Diversamente dai miei libri precedenti, *Un'altra Italia* non è solo il frutto di un'idea personale, ma nasce anche grazie al contributo di varie persone che ringrazio per il prezioso supporto.

Comincio con il mio compagno Mario con cui mi è piaciuto chiacchierare del libro durante la stesura, scambiandoci idee e opinioni.

Ringrazio Fiorenza Conte che si è occupata dell'editing per la lingua italiana, Franziska Bolli che ha tradotto il testo e Lucy Harries, lettrice della casa editrice dtv responsabile del progetto, per il loro lavoro accurato e competente.

Un sentito ringraziamento per la disponibilità a farsi intervistare, a raccontare le loro storie e a condividere stralci di vita, idee ed emozioni con me e con voi lettori a:

Enrico d'Antonio, proprietario del trabocco Punta Isolata Rocca San Giovanni (Ch) per l'intervista;

Anna Kauber, paesaggista e regista per le belle ed edificanti chiacchierate sul suo fantastico progetto, e la giovane pastora Elena Rodigari per l'intervista;

Marco Corrias, giornalista e sindaco di Fluminimaggiore, per avermi entusiasmata con l'idea di poter trascorrere la mia pensione in un paradiso sardo;

Dank an …

Anders als bei meinen bisherigen Büchern ist *Un'altra Italia. Italien einmal anders* nicht nur einer Idee von mir entsprungen, sondern auch dank dem Beitrag von verschiedenen Personen entstanden, denen ich für ihre wertvolle Unterstützung danke.

An erster Stelle meinem Partner Mario, mit dem ich während der Niederschrift des Buches gerne geplaudert und Ideen und Meinungen ausgetauscht habe.

Ich bedanke mich bei Fiorenza Conte für die Bearbeitung der italienischen Fassung, Franziska Bolli, die diesen Text übersetzt hat, und Lucy Harries, der für dieses Projekt zuständigen Lektorin beim dtv-Verlag, für ihre genaue und sachkundige Arbeit.

Ein herzliches Dankeschön allen für ihre Bereitschaft, sich interviewen zu lassen, ihre Geschichten zu erzählen und Ausschnitte aus ihrem Leben, ihren Ideen und Emotionen mit mir und Ihnen, den Lesern, zu teilen:

Enrico d'Antonio, Eigentümer des Trabocco Punta Isolata Rocca San Giovanni (Chieti), für das Interview;

Anna Kauber, Landschaftsarchitektin und Regisseurin, für die schönen und erbaulichen Gespräche über ihr fantastisches Projekt, und der jungen Hirtin Elena Rodigari für das Interview;

Marco Corrias, Journalist und Bürgermeister von Fluminimaggiore, dafür, dass er mich dafür begeistert hat, meine Rentnerjahre womöglich in einem sardischen Paradies zu verbringen;

Filippo Scianna, oggi Presidente dell'Unione Buddista italiana ed ex direttore dell'Istituto Lama Tzong Kapa di Pomaia, per le informazioni sulle peripezie della statua di Cenresig, e la Venerabile Siliana, monaca buddista, per l'intervista;

Harveer Singh, studente universitario sikh, per avermi fatto da guida raccontandomi la storia della sua famiglia trasferitasi dal Punjab in Romagna, e il signor Ugo Scalabrini contitolare dell'Azienda Agricola Scalabrini per l'intervista;

i due *Flying Gardeners* Giovanni Ugo e Massimo Soriani per avermi fatto vivere per interposta persona cosa vuol dire calarsi dal Bosco Verticale appesi a una corda, e Maria Chiara Pastore, direttore scientifico del progetto « ForestaMi » per l'intervista.

Filippo Scianna, jetziger Präsident der Buddhistischen Vereinigung in Italien und Ex-Leiter des Lama Tzongkhapa-Instituts in Pomaia, für die Ausführungen zum wechselhaften Schicksal der Chenrezig-Statue, und der buddhistischen Nonne Ehrwürden Siliana Bosa für das Interview;

Harveer Singh, Sikh und Uni-Student, dafür, dass er mein Reiseführer war und mir die Geschichte seiner aus dem Punjab in die Romagna ausgewanderten Familie erzählte, und dem Miteigentümer der Azienda Agricola Scalabrini, Herrn Ugo Scalabrini, für das Interview;

den beiden *Flying Gardeners* Giovanni Ugo und Massimo Soriani dafür, dass sie mich am eigenen Leib erfahren ließen, wie es ist, sich vom Bosco Verticale abzuseilen, und Maria Chiara Pastore, der wissenschaftlichen Leiterin des Projekts «ForestaMi» für das Interview.

Anmerkungen

1 Museum für zeitgenössische Kunst in Rom (**M**useo di **A**rte **C**ontemporanea di **RO**ma)

2 Auf Deutsch: *In dieser Welt.*

3 Nationales Museum der Künste des XXI. Jahrhunderts (**M**useo nazionale delle **A**rti del XXI secolo)

4 *Die Grube Zimmermann*

5 *Bleigießen*

6 **CE**ntro **S**tudi sulle **NU**ove **R**eligioni

7 Rollbild des tantrischen Buddhismus, aufgehängt für die Meditation oder für Prozessionen

8 Erleuchtungswesen

9 Reformierte Richtung des Lamaismus, deren Geistliche bei Ritualen gelbe Mützen tragen

10 Europäische Behörde für Lebensmittelsicherheit (**E**uropean **F**ood **S**afety **A**uthority)

11 Internationale Schule für italienische Küche; der Name ALMA ist keine Abkürzung, sondern wurde gewählt, weil er ein Frauenname ist, Seele bedeutet und v. a. weil er der Wortstamm des lat. Wortes für nähren ist: **alim**ent**a**re.

12 wörtlich: Hohe Gärten

13 wörtlich: Baumitalien

14 wörtlich: Vertikaler Wald

15 wörtlich: Bewalde mich